【脱单】修炼手册

宏桑 ◎ 著

中国铁道出版社有限公司
CHINA RAILWAY PUBLISHING HOUSE CO., LTD.

图书在版编目（CIP）数据

脱单修炼手册 / 宏桑著 . —北京：中国铁道出版社，2018. 8（2025. 4 重印）
ISBN 978-7-113-24460-6

Ⅰ . ①脱… Ⅱ . ①宏… Ⅲ . ①恋爱心理学—通俗读物
Ⅳ . ① C913. 1-49

中国版本图书馆 CIP 数据核字（2018）第 095858 号

书　　名：**脱单修炼手册**
作　　者：宏　桑

策　　划：巨　凤　　　　　读者热线电话：（010）83545974
责任编辑：苏　茜
封面设计：MXK DESIGN STUDIO
责任印制：赵星辰

出版发行：中国铁道出版社有限公司（100054，北京市西城区右安门西街 8 号）
印　　刷：三河市兴达印务有限公司
版　　次：2018 年 8 月第 1 版　　2025 年 4 月第 23 次印刷
开　　本：880mm×1 230mm　1/32　印张：8. 125　字数：220 千
书　　号：ISBN 978-7-113-24460-6
定　　价：49. 00 元

前言 PREFACE

三年前，大刘找到我，满脸泪痕。他被相恋的三年的女友抛弃了，他们熬过了异国，熬过了家长的反对，熬过了周围人诧异的目光。但是他万万没想到，他没熬过女友的背叛。他一个人在异国他乡想女朋友想到失眠，为了让女朋友有安全感，主动减少了和周围异性的互动，甚至正常的社交都被割舍。他在学校里认认真真地规划着两个人的未来，努力考证书、努力实习、努力进名企，就想着将来两个人的生活能少点经济负担。但是有什么用呢，当大刘付出太多，将自己底牌用尽时，他面对的是女朋友的恃宠而骄。

他只要一忘了和女友道晚安，哪怕只有一天，女生就会指责他变心；

他只要买不起女友想要的东西，女生就会指责他不上进，顺便转给他一个《好看的女孩都自带烧钱属性》的文章；

他不善于表达，喜欢做出实际行动，但是女朋友却认为大刘是情商低下，不走心。

大刘哭着问我，他做错了什么。我看着他，想了想，对他说："跟我学习吧，以后没人能这么对你。"大刘成了我的第一个徒弟。而我说出这句话的底气，是复盘了上百份的恋爱教学案例，是我多次指导学员实战的经验。这一年内，我手把手教他，从心态建设到聊天沟通，再到失恋挽回和反击第三者；手把手教他挑衣服。现在的他，已经成为了一个被我亲手塑造出来的恋爱达人，他的追求者不计其数，他的女朋友对他照顾的无微不至，最近他还在问我有什么靠谱的婚纱摄影推荐。

我骄傲吗？我很骄傲。

但是我内心深处，更多的只有两个字：不爽。

大刘有错吗？他没有错，他爱前任，愿意为前任赴汤蹈火，也把他们的未来列入了规划。

但是在前任看来，他只不过是一个“没用的好人”：很体贴，很踏实，但是不能让她觉得“他懂我”，不能吸引到她。

大刘不是唯一一个这样的男生，也有很多男生，本质上是一个特别踏实正直的老实人，却迟迟收获不了爱情。

甚至，大刘身上的故事，每天也在不少女生的身上上演：

她们付出了真心，却因为不懂得筛选、鉴别而耽误了自己宝贵的青春；

她们暴露了自己的柔弱面，却因为遇人不淑反被利用和操控；

她们想好了和另一半未来生活的城市，想好了和另一半孩子的名字，甚至想好了几十年后白头偕老的生活，到最后却换来了虚假的承诺，空头支票上写满了对她们的嘲笑；

有时候看着他们，我就像看着当初的自己，会十分不满，甚至带着愤怒的表情问出一句：

“为什么？”

为什么？大概是因为不懂。我们不懂爱情其实也有一套自己固定的规则，爱情游戏也有一套正确的玩法，所以在求爱的路上，我们碰的头破血流。

我一直认为，爱情这个东西，需要我们去留住，需要我们去守护。

而我不爱说“经营”，因为我感觉这两个字太过温和。

我享受恋爱这件事，甚至潜心研究它的原因，是因为我在这里找到了博弈的快感。

每次给学员指导时，我都感觉我在和对面的人下一盘棋，一盘充满了博弈的棋局。

而我，总能算到对手的下一步。

我从不爱等待，我的学员也不爱等待。我们会用力去争取属于我们的爱情，我们会想办法争取到我们想要的伴侣。

我从不爱示弱，我的学员也不爱。我们不管单身还是恋爱，都永远是掌握主动权的一方，没人可以操控我们的情绪，没人可以把我们当做备胎。

我从不会大意，我的学员也不会。我们会精准把握对方的情绪，我们会准确地筛选、鉴别我们的目标，我们会巧妙地应对恋爱中出现的危机。

我们知道，这是一条注定被误解的道路。

会有人来指责我们，但我听到的不是指责，我听到的，是一句又一句的：“何不食肉糜？”

并不是每一个人，都可以顺利地找到自己的另一半。

也不是每一个人，可以刚好碰到喜欢的人喜欢自己。

我们也试图把缘分交给上天，终日在“也许他明天就来”的自我欺骗中度日。

但是有一天我们突然发现，等待那个人可能明天会来，也许永远都不会来。

当诉诸命运不能解决实际问题时，诉诸行动，是聪明人的选择。

我只知道，当诉诸命运的人还在苦苦等待时，诉诸行动的学员们，已经陆续找到了属于自己的温暖怀抱。

这本书，集合了我和团队成员长期指导和研究的精华内容，从恋爱误区、恋爱心态、获取资源、形象改造、聊天方法、约会方式、两性关系维护、长期矛盾这8个方面入手，总结出了一套系统的、可复制性强的恋爱流程。书中所有人物形象照片均由作者本人或公司团队成员拍摄。

我希望，你能在这里学会怎么建设自己的心态，怎么筛选出最适合自己的伴侣，怎么把你的爱情争取到手，怎么维系长期关系，怎么处理感情中的危机。

这是我能教给你的手段，在此之外，我还希望你能怀有一颗真心。

当你遇到你的心上人，并且将她留在身边时，我希望你能用心去感受爱情中美好的点滴，享受和爱人度过的每一个瞬间。

我希望，在学习技巧的同时，你不会丢掉自己的初心。

曾经的我也一度怀疑过，将纷繁复杂的恋爱抽象成为具体的公式，是不是过于冷血；

我也曾经迷茫过，当心动这件事都可以被量化创造时，我们到底是在学习恋爱还是在学习套路？

现在我懂了，我们所做的一切，都是在增强我们爱的能力。

我们过去都是一个“没用的老实人”，怀着一颗真心，但却不知道如何表达、如何维护，到头来发现自己的真心在对方眼中一文不值。

而现在，我们要夺回爱的主动权，这场游戏，我们要说了算。

我们不是坏人，我们值得有更好的结果，我们要为这个理想的结果付出不懈的努力。

我理想中的爱情，是使霹雳手段，怀菩萨心肠。

书中超值赠送“脱单第一步”视频教程，旨在帮助读者巩固所学知识，扫描下方二维码即可观看。

（1） （2）

想从网页端观看的读者，可以通过下面网址进入：

http://upload.crphdm.com/2018/0517/1526566558499.mp4

http://upload.crphdm.com/2018/0517/1526566562736.mp4

目录 CONTENTS

第一章

恋爱误区

Lianai Wuqu

1.1 恋爱中的六个误区

很多恋爱中焦虑的男男女女，都会有一种错误的感觉：因为我没有采取一些行为，结果跟喜欢的人渐行渐远；或者跟一个人短暂相处后发现对方对自己没有兴趣，就急于去表白袒露自己的真心，结果连朋友都没得做。

实际上，对于大部分恋爱关系的失败，往往不是因为没做什么，而是因为做错了什么。

在追女生 / 男生或者是恋爱过程中，对的行为和错的行为往往是不能相互抵消的，即便你做对了很多事情，但是只要在关键问题上犯一次错误，就足以让对方默默在心里把你“拉黑”。

有时候你倾心付出很多，也觉得自己表现不错，但是对方淡淡地回复了你一句“没感觉”，让你好生抓狂。

拜托，觉得我不够高，你可以说自己只找身高在 180cm 以上的；觉得我不够美，你可以说想要高圆圆那种颜值的女孩。一句没感觉，的确让人费解。

但实际上，很少有人愿意直白地把你的误区告诉你，那么下面就来剖析一下，恋爱中的那些致命误区。

1.1.1 自我设限

很多时候我们在情场中失利，不是因为对方看不上我们，恰恰是因为我们看不上自己。自我设限的人会为自己的胆怯和不作为寻找各式各样的借口。

例如因为自卑心理：

我不够帅/我不够美/我不够高/我不够有钱，ta应该看不上我吧。

或者设想种种不顺利的理由：

如果我约她明天共进晚餐，她拒绝我怎么办？

如果我现在尝试牵她的手，她推开我怎么办？

如果我现在主动跟他聊天，他在忙工作没空回复我岂不是很尴尬？

其实所有的这些借口，包括没有钱，不够美，都是我们不敢改变现状的借口。

改变很难，破茧很痛，所以我们宁愿躲在一个舒适圈内，更有甚者把所有失意的借口，都归咎于外在。比如下面：

现在女人太拜金了，我没有钱，你让我怎么办？

周围圈子太小了，根本没有适龄男性，我也没办法呀。

不敢承受失败，从而丧失了去主动追求和探索的勇气，一味幻想等待着某个救世主的出现，搭救陷于单身的自己，从而在单身路上越走越远。

1.1.2　不懂两性思维差异

美国心理学家约翰·格雷，有一本享誉全球的情感指导书籍《男人来自火星，女人来自金星》，整本书可以浓缩成一句话：

由于生理构造的不同，男人和女人基本上就是来自不同星球的两种

生物，有着不同的想法，说着不同的语言，无法有效沟通。所以日常生活中产生的摩擦和不和，基本上是因为语言不通带来的。

女人们总是在抱怨身边的男人们说话直来直去，还不懂得女生所表达的潜台词，并贴上了“直男癌”的标签；

男人们总是在抱怨身边的姑娘们太作、太矫情，一点鸡毛蒜皮的小事儿都可以絮叨半天，搞得自己不胜其烦。

这些基于互相不了解的偏见，不但让进入恋爱关系的双方矛盾重重，还让那些处于追求阶段的少男少女充满迷茫。

“为什么我每次说‘多喝热水’，她都会不高兴，我这也是关心她呀？”

“为什么每次他有烦心事儿的时候，他宁肯一个人坐着发呆抽烟都不愿意跟我交流，他是不是不爱我了？”

这些场景是不是很常见？根据进化心理学的观点，因为在漫长的人类繁衍发展过程中，男人的主要目的是外出抓捕目标，俘获猎物，所以更加具有逻辑思维和目标感；而女人的主要工作是在家采集育儿，所以更加具有感性思维和体验感。

所以男人们喜欢可以量化且有明确目标化的事物，比如足球、游戏、军事等；女人们喜欢可以体验情绪或表述感受的事物，比如闲聊、明星、八卦等。

哪怕逛街买衣服的时候，你也能观察到这些差异，男人都是事先设定好一个固定目标，比如这次我就要买一个黑色的上衣或白色的袜子，然后就直指目标而去，5 分钟内解决问题。

而很多女人逛街之前并不确认自己想要什么，在逛的过程中，发现有好看的一定要一件一件穿在身上去体验和感受，方能让自己的大脑作出决策。

如果你看到这里还是有些迷茫，不要紧，后面的章节里，会专门为你拆解两性思维差异。

1.1.3　无条件为对方付出

我们可以把“无条件为对方付出”这种误区统称为“女神病”or“男神病”。

见到心仪的对象，便开始无休止的付出，每天的早安午安晚安不停顿，每逢节日礼物和问候更是殷勤。把对方当作“男神”或者“女神”来看待，言语中透露着仰慕和讨好。

后来你才知道，原来女神的对立面不是男神，而是备胎。

之前在百度工作的时候，我身边发生了一件这样的事儿。

我同组的一个程序员，为他喜欢的女生，送了一部珍贵的 iPhone，意图通过此举，得到女神的芳心。

但悲剧的是，礼物送出去了，芳心没收回来。

按照大家的观点，肯定要骂这个女孩子太有心机了。

但其实是这个男生的做法有问题，一段完善的感情，是需要双方都有付出和参与感，单方面的付出，不但收效甚微，还可能把对方吓跑。

因为在被付出的潜意识里，会出现一种亏欠感，正如同你两肋插刀借了你好哥们一大笔钱，结果发现你哥们反而在避免跟你产生更多交集，这种行为就是亏欠感带来的。

再者，一味地讨好对方，还会让你的个人魅力降低，得不到的永远感觉新鲜，被偏爱者有恃无恐。

所以，正确的方式是引导对方付出，增加对方在这段关系中的参与感。

比如，我请你去看电影，那么，你买个爆米花喽。

比如，每次我都去接你，今天我要加班，你帮忙来我公司送个雨伞喽。

你手里有两个相同的玩具，一个是你每天攒积分攒了很久兑换的，一个是免费领取的，你更珍惜哪个？

1.1.4 查户口似的聊天

说到查户口，我们先来看一个例子。

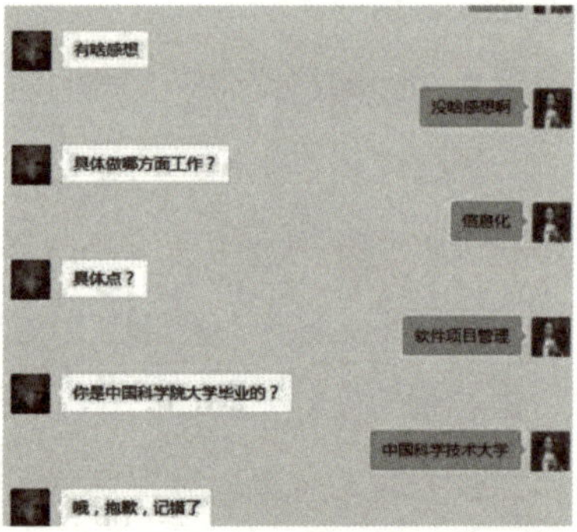

这种聊天模式显然让对方不快，为什么我们在跟陌生人开展一个话题的时候，总喜欢通过一问一答的模式聊天呢？

因为我们想要跟这个目标建立联系，增进感情，但是却又不知道该通过什么话题去切入，所以，只能通过问问题的方式去强行建立联系。比如：

“你在吗？在干吗？你多大了？你从事什么职业？你的父母从事什么职业？”

你试着把自己代入被问的一方，就能体会到这种沟通方式多么惹人厌了。

这种聊天模式看似是在相互了解，其实这种方式的沟通效率很低，一问一答就是一个话题的结束，但是为了延续沟通，不得不在抛出另外一个问题，这样长此以往就变成了查户口似的聊天。

话题是聊天的基础，这句话应该着重强调。

当我们想跟一个人建立沟通的时候，最好要选择一个自己擅长，对方也能参与进去的话题，基于话题去分享彼此的看法，才能形成有效的沟通。

如果你正在追求女生，就一定要抛弃那些“直男”话题，想想女生们平时喜欢聊些什么，比如星座、旅行、美食、宠物等。

如果你正在追求一个理工男，不妨翻翻他的朋友圈，看看他平时在关注些什么，是足球、篮球，还是科幻类电影。

1.1.5　不及时升级关系

有时候，我们跟一个异性很亲密，会煲电话粥，会一起逛街吃小吃。

后来，你听说 ta 恋爱了。

后来，就没有后来了……

为什么会这样，我明明比其他人走得更近的（跟 ta）。

因为，你不懂得，感情是需要一步一步升级的，并不是你想象中那么自然而然和水到渠成。

从陌生到熟悉，从熟悉到暧昧，从暧昧到情侣，其实都会有一个节点性事件，只是大多数人是无心插柳，并没有注意，以为相处到一定程度就自动变成恋人了。

但其实如果你的相处对象是个呆萌的女生或者是个木讷的男生，相信我，你不会主动升级，就会发现你们两个慢慢变成了默契的好朋友。

面对感情，每个人都会有一段窗口期，窗口期过了，机会就闭合了。

升级的方式说起来也简单，就是亲密接触，包括语言和肢体上的接触。

比如：聊天的时候，互相给对方起一个亲昵的称呼，看对方是否愿意接受；过马路的时候，尝试拉住她的手，如果没有挣脱，你们自然就不会停留在朋友阶段。

1.1.6 不合时宜的表白

很多人错解了表白的含义，以为表白是一个方法，从普通朋友升级到恋人的方法。

所以他们在双方关系还不确定的时候，就贸然表白：做我女朋友吧。然后被对方婉拒！

哪怕你们之间还是有很多暧昧情愫，表白之后，反而平添了一丝尴尬，让双方的关系无法进一步提升。

请记住，表白不是发起冲锋的号角，而是宣布胜利的旗帜。

正确表白：是当你们关系和亲密感已经到达一个程度，比如已经牵手拥抱甚至接吻，男人用来主动提出宣布这段关系成立的仪式。

而不是抱着“我并不知道她对我什么感觉，我先表白试试看”的心态去做的。

如果你是个女孩子，偏偏对方又是个榆木疙瘩，那么你得在恰当的时机，学会引导对方表白。

比如在对方夸赞你的时候，娇羞地说一句“那，你觉得我们现在是什么关系呢？”

1.2　情感中的硬价值和软价值

“女人不是追来的，而是吸引来的”。

“你若盛开，蝴蝶自来”。

从2014年从事情感教育行业起，我就一直在重复这种看起来很鸡汤的话，以避免在感情中的男男女女被爱意迷惑了心智失去了自己，只懂得一味讨好和付出。

但是在我说完这些话之后，来自学员的问题出奇的一致：

“那么，怎么构建自己的吸引力呢？”

1.2.1　恋爱中，什么是吸引力

通常而言，吸引力来自于个人价值被感知的瞬间。

我们所说的“一见钟情”“有感觉”等怦然心动、产生好感的瞬间，

都是在那个片刻感知到了 ta 身上的价值，从而心里泛起了涟漪。

有的一见钟情，是被对方的容貌，身材这些价值吸引；

有的一见钟情，是被对方的性格特质吸引，比如温柔、勇敢；

本质上，是只有当自己外在优势或内在优势被对方感知到时，才能产生好感。

而恋爱中很多人容易沦为备胎，也跟只知道表达诚意，不知道释放吸引力有关。

我之前在百度任职运营经理的时候，曾遇到过这样的面试者。

他们这样说："虽然我没有相应的职业技能，也不太满足你们的学历要求，但是我是真的很喜欢这个公司，真的很想进入这个公司工作，你能不能给个机会？"

这种态度，跟那些在情场中死缠烂打，想要靠关心和感动收获爱情的人何其相似。

尽管我知道他的态度的确很诚恳，但是我只能拒绝他，很简单：我招人过来是要帮我干活儿的，他不满足核心需求。回归主题，你的女神/男神择偶也是有核心需求的，这个核心需求肯定不是真诚。

总之，靠感动是无法追到女生的（男生同理），没有吸引价值下的真诚是毫无意义的。

1.2.2 "硬价值"和"软价值"的区别

"男人都是只喜欢漂亮的女生，我颜值不够，很自卑。"

"现在社会太崇尚拜金主义了，我没钱所以才没对象，我能有什么办法"。

以上两句话在我过去做情感咨询中出现的频率极高，尤其是当我提到恋爱的初始就是展现吸引力的时候。不少人也出现过这种思维误区，认为吸引力等同于“高富帅”或者“白富美”，当自己不具备如上特质时，面对感情就变得低沉和消极，把过往情感中所有的不如意都归咎于“我不好看”“我没有钱”。

诚然，有钱也好，高颜值也罢，这些都是吸引异性的利器，但绝对不是全部，其实这些因素只有 50% 的影响力。

我们把男女交往中的价值分为两种，分别是“硬价值”和“软价值”。

硬价值就是指容易直观展示价值，比如刚才所说的“高富帅”“白富美”。而软价值指的是需要相处后才能慢慢发现的价值，比如温柔、善良、幽默、正直等。

“富”所引申的价值指的是生存价值，即可以用来供养人的生存资源拥有量。它不仅指的是拥有多少钱，还涵盖拥有了多少社会资源，比如权力和人际关系。这些因素都可以影响一个人的生存质量，也会影响两个人恋爱后的生活质量。

“高，白，美”引申的价值指的是繁衍价值，即人生理外貌特征上的优势，比如大眼睛，高鼻梁，光滑的皮肤，男人的身高肩宽，女人的修长体型等。

关于硬价值，需要注意的有以下两点：

1. 男人更注重繁衍价值，女人更注重生存价值

这种差异是人类长期发展演化而来的择偶倾向，人类择偶的首要目的是在保证自身生存的情况下，尽可能多地把自己的基因传递下去，这也就造成了在择偶中男女两性的行为差异：男人的繁衍成本低，只需要贡献一颗精子，所以他们总是在试图尽可能将自己的“种子”播种给更多的异性；女人的繁衍成本高，需要 10 个月的身怀六甲，以及持续长久的供养，且女人在身怀六甲的时候，往往是缺乏供养自己的能力，所以她们要把播种的男人留在身边。

在择偶的时候，男人的潜在想法是：如何保证我生育下来的子嗣健康且美貌，所以他们的潜意识驱动他们找那些生理外貌同样出众的姑娘，比如身材匀称，肤白貌美等；女人的潜在想法是：如何保证我可以稳定养育自己的子嗣，所以她们的潜意识驱动她们去找寻那些供养能力强的人去维系长期关系。

2. 硬价值也是可以被包装的

之前从事互联网行业的时候，身边有很多高薪技术人员——也就是我们俗称的程序员，虽然收入不低，但是他们并不懂得如何展现自己的硬价值，所以在恋爱中也并没有通过这点占到优势。或者说，他们所喜欢购买的机械键盘和高配置电脑，并不能被异性有效识别出来。

当然，对于高薪人士来说，展现硬价值的方式不非得是开辆保时捷车或戴块江诗丹顿表，更聪明的方式是通过展现自己的爱好如潜水、高尔夫，或者是展现自己的社交圈和工作状态来达到这点。

繁衍价值也同样，形象不等同于颜值。对于绝大多数男生来说，选择一个适合自己的发型，拥有几身适合自己气质的衣服，而不是万年格子衫牛仔裤，足以把你的繁衍价值提高到一个比较高的水平。对于绝大多数女生来说，不管是在职场还是择偶中，学会化妆都是重中之重，千万不要说“等我遇见心上人，自然会收拾好自己，不是不会只是平时懒”。

3. 软价值是那些不容易展示的价值，多与性格和情商有关

比如小明很勇敢，但是这种特质很难在约会中展现，除非突然有人劫财劫色，小明英雄救美。

或者小红很贤惠，这种特质也很难直观体现，因为往往第一次见面是在餐厅，不需要你收拾桌子。

但归功于现在互联网的便捷性，它使得有些软价值的作用甚至大于

了硬价值，尤其是在使用社交软件的时候，所谓的“聊得来”就是软价值起到的作用。

4. 最重要的软价值，可以归结为情绪价值

情绪价值指的是能提高伴侣情绪的能力，情绪价值高的人被定位为“会聊天”“浪漫”；而情绪价值低的人则被定义为“乏味”“无趣”“乖乖女”“老实男人”。

人们对于恋爱的第一诉求，往往是两个人在一起时要比一个人有趣，没有人愿意跟一个乏味无聊的人天天相处。情绪价值包括感知力、情绪张力、钝感力等。

感知力是你对别人情绪的感知能力，也属于情商的一部分。恋爱中的争吵多数是来自于一方感知力太弱，明明你的女朋友已经表现出了委屈和不开心，你还在自顾自地说前女友的事儿；明明你的伴侣已经表达出了疲惫和请求关心，你还是漠然。因为女生是较敏感的生物，所以在恋爱中，感知力往往是男人的弱势。

情绪张力指的是表达情绪的能力，有些人是天生的演说家，社交场合只要有 ta 在，便让人觉得充满能量，不会觉得乏味；而有些人就是典型的“乖乖女”和“老实男人”，当别人这么评价你的时候，更多指的是你的好奇心和创造性不足，不擅长表达 ，不懂得如何调动气氛和他人情绪。

钝感力这个特质与敏感相反，指的是表达自己的勇气，有太多的人拥有足够的价值，但是羞于表达，怯于表达，跟异性说句话都能脸红半天。在当下这个竞争激烈的社会，不善于去为自己创造机会的人，最终容易被剩下来。

我们剖析这些软价值和硬价值，目的在于让你寻找到你在情感中的优势和劣势，并学会展示优势、修补劣势，而非强行用一些你不擅长的领域去打击自己的自信心。因为要追到你心仪的男生 or 女生，并不需要你面面俱到，只需要在 ta 的生活圈子里，综合价值较高即可。

1.3 如何增加恋爱中的情绪价值

“撩”是现在网络比较火爆的词汇之一。有很多人谈到这次词，都会理解为追求女生的“方法”，而不是追求女生的“思路”。很多男生不知道如何才能做一个有趣的伴侣，所以今天深度给大家剖析一下。

首先，所谓的“撩”，指的不是轻浮的行为和自以为幽默的口嗨，而是调动“对方”的情绪。

换言之，恋爱达人有各种各样的方法去营造浪漫，制造惊喜，让女生跟他们在相处的时候，情绪始终处于跌宕起伏的状态。

相反的，“老实人”则总会把一次次跟女神的相处搞得生硬且尴尬，让女生觉得跟这个人在一起毫无乐趣，平淡而乏味。

1.3.1 保持主见和适当的强势

之前在北京三里屯做过一次街头调查， 其中一个问题是：跟男生们的约会中，你最讨厌的行为是什么?

结果得票率最高的是：没有主见。

其中一个长相颇惊艳的女生告诉我，有一次在网络上认识一个男生，觉得对方的样貌和性格都还不错，所以当男生主动邀约的时候欣然赴约，结果对方见面的第一句话是：“咱们待会儿去哪儿”。

她听见这句话后，瞬间有马上取消约会的冲动，明明是你约我出来的好不好!

一些男生在约女生出来吃饭的时候，自以为很绅士地一直把选择权让给女生：

“你来你来”“我都行”“我随意”……

其实这种迎合的姿态并不会让女生觉得很舒服，要知道，女生在初次约会的时候还是比较矜持的，希望男生表达出自己的个性和偏好。

当没主见发挥到极致的状态时，连进行亲密行为的时候都要先礼貌征求女生同意。比如：

我可以拉你手吗？

我可以吻你吗？

你准备让女生怎么回答？想要吻一个女生的时候，就靠近她的脸并直视她的双眼五秒钟，如果她不回避你的目光，就可以吻了。如果这时候你问一句“我可以吻你吗？”得到的很可能是否定的回答。

因为女生要表达自己的矜持！

曾经有很多女生跟我抱怨过：我要的是一个男朋友，而不是一个儿子。

1.3.2　聊天是分享感受，不是解决问题

在前面，我提到过一本关于两性情感的畅销书《男人来自火星，女人来自金星》，同书名一样，作者认为男人和女人是来自两个不同星球的物种，思维模式和表达方式均是不同的。

所以男人和女人有时候交流不畅，并不是因为真的三观不合，而是因为语言不通。

男人思维更加偏向理性，表达方式偏向“解决问题”。

女人思维更加偏向感性，表达方式偏向“表达感受”。

所以，在聊天中，不会跟女生相处的“直男”很容易把女生的沟通

当作一个又一个问题，以为只要解决问题了就万事大吉，结果聊得非常的理性、拘谨，也无法让聊天气氛欢快。

简单举几个例子：

女生：最近工作好忙，周末还要加班，烦。

男生：别着急，慢慢来，工作需要循序渐进。

女生：……

女生：我发现自己是个路痴，今天跟闺密出去逛街竟然迷路了。

男生：你下载个百度地图试试呢？

女生：……

以及最经典的：

女生：我今天感冒了/大姨妈/肚子疼。

男生：多喝热水。

女生：……

其实在以上几个例子中，沟通不尽如人意的原因都是：把女生的话当作问题去解决。

但其实女生只知道工作忙要慢慢来，也知道百度地图能找到路，更知道大姨妈来的时候要多喝热水，她在跟你说这些的时候，并不是寻求解决方案，而是分享自己情绪。

所以通过聊天吸引女生的正确方法是：顺着女生的情绪向下延伸，让她的情绪随着你的话题上扬。

比如：

女生：最近工作好忙，周末还要加班，烦。

男生：你老板一定不是个"直男"，否则才不舍得让这么萌的女生加班。不理他，走，下班带你去吃你最喜欢的小龙虾。

女生：我发现自己是个路痴，今天跟闺蜜出去逛街竟然迷路了。

男生：叮！你的人工地图已经上线，"小公举"迷路的时候可以传唤哦~

接着看我高中小表妹和他的男友的聊天记录，果然恋爱也需要一种天分！

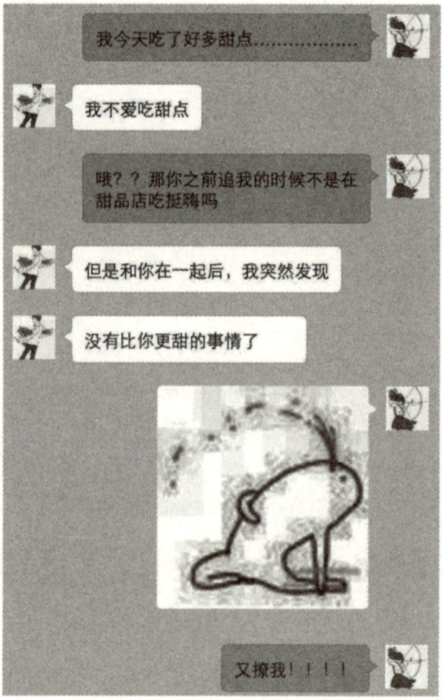

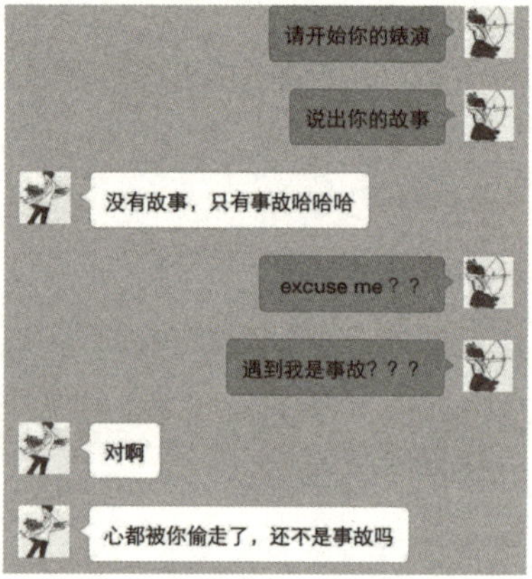

1.3.3 懂得进退，学会控制自己的需求

不管你多喜欢一个女生，不管你自己的恋爱能力多么“高大上”，都不要尝试强行去展示自己，这会显得一个人很低级趣味。

女生如果足够喜欢你，会给出你相应的信号，如果没有这些信号，不要试图用你的“真诚”去打动她。

每天固定时段的早安，午安，晚安，以及追问式的邀约“明天一起看个电影？”“明天没时间啥时候有时间呢？”“最近都没有时间大概还需要等多久呢？”有时候女生拒绝你的理由并非真实的理由，可能只是一个措辞而已。

当得到拒绝信号的时候，不要死乞白赖得去强行谈，回过头来反思一下自己，是不是自己还不够有吸引力，有什么地方可以改善。

1.3.4　学会制造情绪反差

在女生眼里，有两个词儿能代表她们想要的关系：惊喜和浪漫。

这两个词汇的本质就是“制造情绪反差”，或者叫“超出女生预期”。

举个身边发生过的实际案例：

那是某一年的12月24日，平安夜，圣诞前夕。

无数有心上人的男人在这个时节，想尽一切办法通过送礼物、请吃饭的方式以求自己女神欢心。

而小杭只是淡然一笑。

当天他也约了心仪女生去一家韩式餐厅吃饭。

“无非就是吃饭、逛街、送个礼物的老方法，毫无新意”，我心里暗笑。

小杭按时赴约，但是却没有带任何的礼物。

他一脸倦容地望着那个女生，说“不好意思，今天为工作奔波了一天，也没给你准备什么礼物”。

“哦，没事儿”。（作为一个善解人意的姑娘，她表现的大度坦然）。

虽然这个时候内心肯定有一些失落。

如同正常情侣一般，他们在满是情侣的餐厅中吃完了一顿美味的晚餐，然后送女生回家。

如果这场约会就这么结束了，我想我对它的定义一定是平淡无奇。但是小杭的神转折开始了。

寒风中，小杭牵着女孩子的手，踱步把她送到楼下。

“真不好意思，刚才看餐厅里很多女孩都收到了玫瑰花，我却没有为你准备。”（小杭一脸歉意地看着对方）。

“没事啦，其实今天我还是挺开心的。”

“恩，有你在就是最好的平安夜，不过这么好的日子，怎么能没有花，你等我一下。”

他诡秘的一笑，转身走到女生小区下的一个角落，拿出一个纸箱。

打开纸箱，走到花坛处。

然后女孩子就看到了一朵朵烟花腾空而起

“这是我为你准备的花”，小杭微笑着说。

微冷的夜风中，两个人在安静的小区里，看着烟花把自己的家照亮。

我想这个夜晚会永远映在这个女孩子的记忆中。

什么叫浪漫？用互联网行业的话讲，就是“超出用户预期”。

如果你约了心仪的女生一起享用情人节晚餐，记得不要问她想要什么礼物，记下她平时喜欢但舍不得买的物品，偷偷买下来。

也不要在一开始就把礼物拿出来，可以先佯装忘了买礼物，看着她有点幽怨的眼神后，再突然把她向往已久的礼物拿出来。

效果绝对比直接跟她说一句“你上次跟我要的那个 ××× 我给你买了”要好得多。

1.4 女生，为什么你单了下来

不久之前，我的私信里收到这样的一个问题：

“我今年大二了，宿舍里就我一个人是单身，一位舍友去上自习回来就找到男朋友了，一位室友刷微博就找到男朋友了，我想知道她们的男朋友是怎么找到的呀？”

女孩子们，你们想恋爱，却又迟迟无法脱单，大概是因为如下几个问题：

1.4.1　强

这里的强并不是指自身价值太强让一般男生望尘莫及，而是表现出来的气场太强，给了很多潜在追求者“生人勿近”的感觉。

下雨天，别的女生总是忘记带伞；

开学季，别的女生总是拎不动箱子；

遇到困难，别的女生总是求助于学长、同事。

而你：

身体健康，姨妈不痛，拎得了行李，修得了马桶；

买得起普拉达，吃得完第二杯半价，新电影上映的时候可以一个人买票；

电脑坏了能自己修理，出门不习惯搭别人车，下雨会自己打伞。

遇到解决不了的困难，也觉得身边的男性没有百度 / 谷歌好用。

你做到了经济独立也学会了生活独立，这很好，但是这样密不透风，不会示弱，也就天然隔绝了对你有好感的异性切入你生活的机会。

1.4.2 宅

生活里，别的女生总有各种邂逅的机会，因为她们的周末，是这样的（见下图）。

所以她们总能结识各种陌生人，每次在朋友圈发的状态，底下也总有没见过面的陌生人点赞。

而你的周末，可能是这样的（见下图）。

比较宅的生活会直接导致社交圈的急剧缩小，潜在的可选择目标也是乏善可陈。

于是你身边的异性主要就成了公司里的已婚大叔，和每天给你送货的外卖小哥和快递小哥。

而且更恐怖的是，长时间不接触陌生人，会增加一个人的社交焦虑，越来越排斥认识新的人，觉得不擅处理或者成本过高，从而恶性循环，社交圈子越来越小，越不擅长跟异性相处。

不要找借口说工作忙，没机会，没人带你玩儿，微信、微博、豆瓣等各种社交软件上都经常有同城小组或者兴趣小组，为什么不去试一试呢？

1.4.3　懒

“你早晚会遇到那个适合你的人，疼你爱护你给你依靠”

“爱情是可遇而不可求的”

“真正的爱情，是从遇见某个人开始的”

不知道什么时候这种心灵鸡汤在网络上经常看到，不停地用“等到”“遇见”来规避本来应该属于自己的爱情责任。在这个语境里，好像人生中必然存在一个“对的人”，不管你现在是落魄于江湖还是寂寥于陋室，他都会驾着七彩祥云出现，拯救你遍体鳞伤的灵魂。

不对的，少女，如果你自己没做好准备，是“等”不到那个所谓的“对的人”。又或者，这个翩翩少年 / 优雅的姑娘即使某一天真的出现在你的生活中，扪心自问，现在状态的你，是否可以留住他 / 她么？我记得蔡康永在他的书中有下面一段话：

“15 岁觉得游泳难，放弃游泳，到 18 岁遇到一个你喜欢的人约你去游泳，你只好说“我不会耶”；18 岁觉得英文难，放弃英文，28 岁出现一个很棒但要会英文的工作，你只好说“我不会耶”。人生前期越嫌麻烦，越懒得学，后来就越可能错过让你动心的人和事，错过新风景。”

在我看来，“找对象”这个行为，本质上跟“找工作”是类似的，你不好好积累技能，做好一份精美的简历，根据心仪公司的需求写好求职信。而是蹲在一个角落画圈圈，然后默默跟自己说“我现在怀才不遇，总有一天会有一个伯乐会识得我这匹千里马”，你猜你会不会找到心仪的工作呢？你要知道，好的工作不是靠“遇”的。邻居张大爷、居委会李大妈给你介绍的工作，多半你不会喜欢；真正适合自己的事业，往往从经历过一两次职场的迷茫，对自己的盲目自信和否定之后，才会慢慢摸清。

爱情也如此，2014 年我开始从事情感咨询工作，看到了太多想在爱情里不劳而获的人。比如“你负责赚钱养家，我负责貌美如花”；“总有一天你的白马王子会来接你的”；懒的“武装”自己，期待一份爱情从天而降，那么你心仪的对象在来到你身边之前，就已经被别人射下马来。

1.4.4 乖

文静、克制、守礼，是乖女孩的基本属性。

从小接触比较传统的教育，所以内心的道德观要比常人更加清高，潜意识里觉得男女之情是含蓄羞涩，不适宜女生去主动争取，甚至对身边异性的提防感过重。

刚见面就表达好感的，你觉得太轻浮。

日久生情跟你表白的，你觉得没感觉。

微信从来不加陌生人，更别提花费时间跟陌生人聊天。

好容易遇到个感觉不错的想要慢慢发展，因为羞涩和矜持抑制住了内心的萌动，结果被积极主动的女生抢了先。

也会在跟某个潜在对象聊天的时候，发现了对方的一些不堪，突然没有安全感，抽身离去。

总是在暗示自己：离开的人都是不对的人，对的人会在远方默默守护自己。

于是，淡定地错过了一个又一个人。

其实我也赞同爱情中，女生不适合太主动，可以选择矜持，但是一定要或多或少地给你心仪的男生一点暗示，否则他们真的可能因为看不清进度条抽身而退。

因为男生在追一个喜欢的女孩子时，不怕苦、不怕累，也不怕被考验，最怕的其实是所有的付出都得不到对方的回应。

1.5　追求女生，要有分寸感

1.5.1　要吸引，而不是炫耀

我经常挂在嘴边的一句话是“女人不是追来的，而是吸引来的”。

所以追女孩有两个重要前提，一是你的价值基本跟她是同一层级的，二是相对她身边的其他异性你是处于中上等的。

当然，我所指的价值并不单指的是颜值和财富，而是包含各种隐性价值，比如三观契合，温暖体贴，勇敢有担当等。

所以在前期跟女生沟通的时候，不要一味去表达认可，而是要去通过自己的生活侧面和相处去展示自己的价值。

当然，展示价值不等同于刚刚建立联系，就去吹嘘自己有房有车，这样做很低级。

通过相处所展现出来的高价值才是真正的高价值，如果你平时为人处世就是踏实稳重、彬彬有礼，那么在与女生交流中就不用刻意展现，因为她是可以感受到的。

1.5.2 要主动，但不要迎合

之前经常有男生问我这样一个问题“为什么在社交软件或者相亲网站上跟女生打招呼都得不到回复，是不是我的开场白不对？”

我让他自己注册一个小号，换上一个颜值中上等的图片当头像。

当一天内收到的私信数量超过 50 条的时候，他明白了女生为啥都这么高冷。

虽然女生是吸引来的，但需要你主动去建设吸引的契机。

日常生活中遇见有眼缘的女生可以主动上前交流，而不是犹犹豫豫吞吞吐吐。

社交软件上遇到资料契合的女生，主动去打招呼表达好感，表达主动性， 选择权留给对方。

之前我创建过一个百度单身小组，小组里面有一个非常可人的女生小 C，我的一个哥们儿凯喜欢她但是不敢主动，于是跟我提出要请我们两个吃饭，让我去邀约她。

我很奇怪：你自己邀请她不就好了，带上我当电灯泡多奇怪。

凯说：宏哥我不敢。

好在我跟小 C 的关系不错，于是跟她说了这件事。

她直接拒绝了：在一个群里那么久，他连加微信的勇气都没有，我不欣赏这样的男人。

男人在一段关系中，要承担节奏制定者的角色，毕竟你不能让女生主动约你，主动牵你的手。

但主动不代表迎合，有部分男同学主动过了头，成了一味迎合女生。

对女孩子所有的要求都无条件服从，虽然主动但是毫无主见，这样的男人也不会受到女生认可。

1.5.3　要强势，但不要猥琐

经常有人问我：怎样才能把喜欢的女生从朋友变成女朋友?

有太多的男生误解了表白的含义，总把表白当作把女生变成女朋友的手段，从而过早表白，功败垂成。

表白不是发起冲锋的号角，而是宣布胜利的旗帜，指的就是表白的时机一定是确定对方对你有足够好感时，确认关系的举措，而不是在不确定对方心意的前提下，测试双方关系的方法。

升级两个人关系的方法不是表白，而是在相处中，给她一种恋人的感觉。

比如两个人一起看电影，然后送她回家；

比如邀请她来家里做客并做饭给她吃；

再比如在逛街的时候，无意中牵起了她的手。

升级关系最有效的手段是主动的肢体接触，但前提是这种肢体接触不能是猥琐。

如果肩并肩走路的时候，她都有意跟你保持一段距离，那就别上赶着去碰她的手；

但如果女生给了你足够的语言暗示，比如不停地跟你说“今天真的很冷”，那就尝试去通过拥抱给她温暖，而不是跟她说“哈哈，我穿得多我不冷”。

1.6 恋爱中的这些冷知识，你知道吗

1. 利用好“心疼”去追求伴侣

决定两个人从朋友到恋人的瞬间，其实并不是棋逢对手的欣赏，不是心有灵犀的默契，更不是死心塌地的付出。

从心理学上来说，促使双方在一起的状态，不能只有正向情绪，在关键节点需要一些负面情绪的共情。

所以在两个人交往的时候，刚开始认识的时候都是展示给对方积极上进的一面，但也要适时去分享给对方一些童年辛酸经历或者过往心酸事件，这样会激发男性的保护欲和女性母性的一面，更容易让对方倾心。

2. 完美爱情 = 激情 + 承诺 + 亲密

这是美国心理学家斯滕伯格提出的爱情理论，认为爱情由三个基本成分组成：激情、亲密和承诺。激情是爱情中的性欲成分，是情绪上的着迷；亲密是指在爱情关系中能够引起的温暖体验；承诺指维持关系的决定期许或担保。

3. 浪漫的爱情终会结束

“爱情终将变成亲情”这句俗语其实很有道理。

激情这个部分随着时间延续会逐渐降低，两个人相处中那些激情浪漫的部分，诸如心跳加速，紧张忐忑，往往会在一段时间内结束，从而进入责任和承诺阶段。

所以一对夫妻能够恩爱一生，靠的其实主要是相扶相助的“义气”。

4. 爱情中容不得虚假人设

如果你想跟一个女人 / 男人相处一生，请确保你是在用真实的自己跟 ta 相处，而不是费尽全力扮演成一副 ta 喜欢的样子。

伪装可以为你带来一时的吸引力，但是为了维系你的人设，你会在一段关系中非常痛苦。

5. 女人不是追来的，而是吸引来的

曾经学生时代的我认为只要不断付出就可以精诚所至金石为开，后来我知道我的想法是错的。

比如你去找工作，跟面试官说“虽然我不符合职位要求，也没什么工作经验，但是我对这份工作是真心的，可以给我个机会吗？”

你猜你会被录取吗？

6. 男人要主动升级关系，做一个节奏带动者

不要问女生“我可以牵你手吗”或者“我可以吻你吗”。

即便她内心是满心期待的，也可能因为害羞矜持拒绝你的要求，导致双方尴尬。

如果想牵她手，那么就在过马路的时候，趁着车流湍急，去握她的手腕试探下，如果她不排斥，就可以顺着手腕拉到手。

如果想吻她，那么选择一个气氛暧昧的私人空间，直视她的眼睛 3 秒，如果她不闪躲，恭喜你，你就可以吻上去了。

7. 男人解决问题，女人分享情绪

男生和女生思维方式是不同的，从大体上来说，男人更偏向理性思维，处理事情更讲求逻辑，注重目标。

女人更偏向感性思维，面对事情更习惯注重感受，活在当下。

所以很多时候男女沟通不畅往往不是某一方不懂事，而是语言不通。

男人遇到苦恼的时候喜欢开启“洞穴机制”，也就是自己一个人安安静静待会儿消化烦恼，女人为了表达关心倾向于主动交流试图去打开男人心扉。

男人觉得：我应该处理好自己的情绪再跟另一半交流，所以下意识排斥沟通，会说出“你让我自己安静一会儿”类似的话。

女人觉得：缓解情绪应该通过交流，我关心你才试图走近你，你为什么把我推远，你一定是不爱我了。

这个时候双方对处理同一个问题的判断机制不同，从而发生争吵。所以了解妹子喜欢分享情绪这个特质，聊天的时候多分享一些彼此的经历，能够迅速提升亲密度。

8. 得不到的永远在骚动，被偏爱的有恃无恐

我知道你很爱这个姑娘或者男人，但是记得，不要把 ta 当作你生活的中心，要让 ta 知道，除了 ta 之外，你还有自己的事业和生活。

当你觉得你的时间有一半以上是围绕着一个女人或者男人转的时候，也就离失去 ta 不远了。

9. 关于，两个人在一起究竟是相似好还是互补好

我的答案是：三观相似，性格互补。

情感答疑

问：

在大学里，我一直在追一个女孩子，一次表白后说她要专注学业，现在不想谈恋爱。但是我发现她生活依旧该吃吃该玩玩，好像也没有将全部精力投入到学习中，她这是什么意思，我还有戏吗？

答：

她的意思很明显：不是不想谈恋爱，而是不想和你谈恋爱。

女孩子们总是说，我现在要忙学业、事业没时间，我不想谈恋爱，我觉得爱情很麻烦……

其实，女孩子们都渴望有一段甜蜜的爱情，都渴望有一个人来陪她，只不过她们身边的男生不是那个人罢了。

而很不幸，由于你不懂和女孩子怎么相处，贸然追求，在还没有吸引到女孩子的时候就表白，理所应当地被拒绝了。

好好提升一下自己的实力，对女孩子产生更强的吸引力后再表白。

如果你吸引到了她，在条条框框的围墙下，她总会为你打开一扇小门。

问：

老师您好，我这个人社交圈子比较小，身边的女生虽然多，但是却建立不起联系，我想问一下您是如何与身边的女生交流，和她们相处的呢？

答：

既然身边的女生多，那么我们就不用急着学搭讪，这里建议你先去多参加点活动，把自己的社交圈打开，等社交圈扩大了，再认识女生就不是难事了。

至于参加什么活动，可以是：读书会、健身俱乐部、长跑俱乐部等。

通过这线下社群认识的女生，都比较容易和你产生良性的互动，因为你们有着共同的爱好和聊天话题。

更重要的是，通过线下活动认识的女生沟通效率会很高。

问：

学长，你好，最近接触了一个女孩，她自己刚办的一个工作室，专门做辅导行业，我是上个月通过同学认识的她，在她工作室做教师，九月份我要去读研究生，然后经过一个月的相处，我们彼此都有好感。她是个活泼开朗、泼辣干练的女孩，我很喜欢她。昨天她家里出了一些事情，就发微信给我，说她姐姐一个人开车去外地太累了，她又不会开车，需要两个人替换开，然后就给我打电话让我跟她一起去，我就答应了。在路上我表现挺好，她姐姐也挺认可我，但是到了家乡我才发现她有个高中同学，她原来一直很喜欢他，两个人关系非常好，经常在一起聊微信，并且她和他妈妈也经常聊天打电话，但是大学并没有在一起谈恋爱，她是不是一直在等他，学长能不能帮我分析一下我该怎么办，谢谢。

答：

学弟你好，我觉得这个问题，其实是你多虑了。

先说第一个问题：女孩子对你印象好吗？

应该印象是好的，不然她不会在遇到问题时找你，希望你帮她一个忙，而且她姐姐对你印象也不错，这点也会间接在女孩子心中给你加分。

再说第二个问题：女孩子之前的那个异性朋友，是你们之间的威胁吗？

有竞争者，虽然有挑战，但是并不一定是多大的威胁。

如你所言，她是一个开朗活泼、泼辣干练的女孩子。这种女孩子很受欢迎的，因此有竞争者是正常的，不要因为有一点困难就退缩。

如果女生是真的喜欢之前那个高中同学，那么异地的屏障早被突破了，现在异地恋早就不是什么新鲜事了。

但是女孩子到现在没和那个男生在一起，说明心里还是有些犹豫的，可能她也在犹豫两个人的事情，也许两个人并不合适。

所以你该追对方就追，在这个时候正常地和女孩子交往，放大自身的吸引力，先去尝试接触一下，不要给自己设限。

有竞争者很正常，你要保持好心态，重点不是她周围有竞争者，而是你要具备行动力。

问：

有一个姑娘是我玩“狼人杀”游戏时认识的，之前见过几次面也有过交流，但是不深。前两天我刚刚出差回来，听了一个冷门乐队的摇滚演唱会，回到家后发了朋友圈，然后她看到后回复了我。这两天她和她同事，也是我朋友，一直叫我过去玩，我应邀去了。

她还邀请我下次一起去泡温泉，想问一下我是不是可以试着表白。

答：

顺序反了，应该是先尝试更多交流和接触，进一步确定对方对你有好感再试着表白。

确定对方对你是否有好感的方式包括但不限于如下：

每次单独邀约对方总是欣然应约；

愿意单独跟你待到很晚；

当你尝试牵手 / 拥抱行为时对方不排斥。

第二章

情场装备

Qingchang Zhuangbei

2.1 情感规划，你做了吗

在上一章中详细剖析了人们在恋爱中的常见思维误区，当我们颠覆了过去的一些认知后，需要重新思考的问题是：你究竟需要一份什么样的感情？你该如何得到你想要的感情？

就如同年轻人刚迈入职场的时候，心怀惴惴，非常需要一位高人给自己制定一份职场规划，便于一步一个脚印去执行，爱情也是相同，需要设计一堂爱情规划课，才便于在追求爱情的过程当中，不至于误入歧途。

2.1.1 明确自己的价值

一切需求的明确，都是从认知自己开始。我们生活了十几二十年，自认为对自己认知得非常清晰，直到面对一些冲突或者结果跟预期产生巨大差值的时候，才懂得回头反思自己的认知是否出现了偏差。

之前受邀参加某相亲网站的线下论坛，发现参加以相亲为目的的线下交友活动多是女孩子。在进行完主题演讲后，在场有很多人问："老师，你认为现在社会为什么有这么多剩女？"

我当时的回答很温柔且义正词严："'剩女'这个称谓就是社会对广大女性的偏见，面对爱情就应该宁缺毋滥，女孩子不应该受这些偏见所裹挟，应当坚持自己的观点。"

其实，上述这些话的真实目的是为了安抚在场各位观众的情绪，因为实话太残忍，说出来后怕是会被人打……

实话是：剩女的本质原因是，眼光到位了，实力没跟上。

很残忍对吧，然而这就是很多人剩下来的真相，对自己的认知出现了偏差。

对自己的认知，一方面是明确自己的价值，另一方面是明确自己的需求。

在上一章的吸引力评估内容中，我们把价值分为了显性价值和隐性价值，基本涵盖了繁衍价值、生存价值、情绪价值、性格价值等主要领域。

在网络上有一种很流行的评估价值的方法，叫打分制，就是日常我们听到的“七分女”（网上评分为“七分”的女生是理想的女朋友）、“六分男”（网上评分为“六分”的男生是最佳男朋友），虽然这种打分方式太过于简单粗暴，不过也是一种迅速评估自己价值的好方法。

这是一个不太精确的算法，按照繁衍价值（外貌），生存价值（财富、社会资源），情绪价值（会聊天、会互动），性格价值（上进、温柔、果断等），总分 10 分，每个小项 2.5 分，根据自己的标准，可以简单评估一下自己和自己心仪目标的得分。

婚姻也好，爱情也罢，很重要的一个前提就是棋逢对手，旗鼓相当。双方在价值总和上是否基本匹配，决定了这段关系维系下去的成本，古代人所讲究的郎才女貌，门当户对，无不遵从这一原则。

当然，这个原则下，人们会有两个误区：第一是单一价值论，举个例子，认为我找不到女朋友就是因为没有钱，没有人喜欢我就是因为我不好看，等等。类似这种想法就是典型的自我设限，把多元的价值标准变成一元思维，从而在这个局限的思维中变得一蹶不振，不停否定自己，自卑且封闭社交圈。

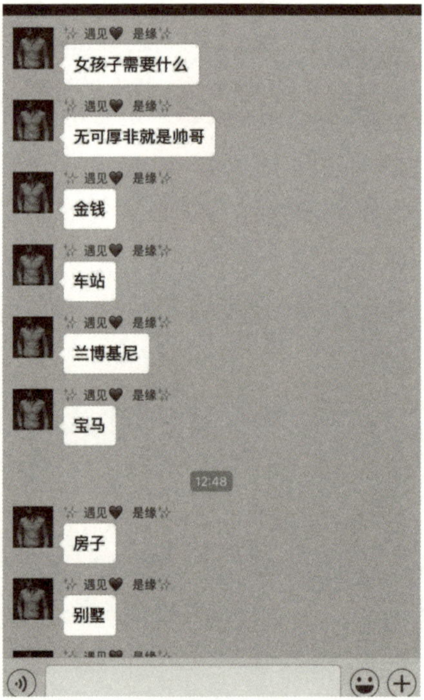

（沟通中出现的一元思维误区）

第二是眼高手低，强行去接触与自己价值相差太大的目标对象。当然，人们在追求爱情的过程中，都是想要向上兼容的，都是想找寻价值比自己更高的对象，其实这无可厚非。但是如果出现了对自己价值评估过高的情况，就很难再找到合适的对象，用句通俗的话“你喜欢的，高攀不起；喜欢你的，你爱答不理。”这种情况的优点是有利于鞭策自己个人能力的提高，但建议这个分值的差值，尽量保持在两分之内比较合适，否则就容易出现自怨自艾的情况，总觉得自己怀才不遇，非常优秀却找不到合适的男 / 女朋友。

所以，情感规划的第一步，就是做到不卑不亢，清楚自我认知，既不妄自菲薄用一元思维评价自己，又不眼高手低将择偶标准设定太高。

2.1.2　明确自己的需求

确定自己的价值后，第二步要做的是明确自己的需求，也就是知道自己想要什么。

这个过程一点都不简单，在用户调查中我们发现对这个问题，其实很多人都没有仔细思考过，当被问到“你理想中的恋人需要具备什么特质”的时候，得到更多是一些模棱两可的回答，如“温柔贤惠的”、“阳光帅气的”、“可爱的、秀外慧中的”、“有责任心的”，当他们被问到“什么样的才算贤惠，具体场景是什么”、“有责任心指的是在哪些方面”问题回答时，更多的是一种概念上的憧憬，而非真实可执行的标准。

发现这个问题的原因，是因为一直以来，我们缺少对自己需求的拆分过程，没有剥离人与人之间的关系对自己的需求影响，找到自己的内核需求。

1. 社交需求

社交需求是最大的影响源，这也是当下社会很多人在恋爱中表现出情商较低，无所适从行为的原因。很多家庭是这样教育子女的：在初中、高中甚至大学都被告知“书中自有黄金屋，书中自有颜如玉，孩子你可千万不要早恋，别耽误学习”。而孩子毕业一旦进入工作岗位，马上又进入了催婚模式“你看你的同学小王、小李、小张都有对象了，你也该抓紧了”。家庭和学校教育同时都对这一方面的感情需求进行压抑，导致目前很多成年人面对感情，也是不知道自己想要什么，成为现在 80 后和 90 后离婚率上升的原因之一。

在评估自己恋爱乃至工作当中的很多需求时，其实都不是自己的真实需求，比如每当过年的时候，都会有一群七大姑八大姨围着自己问“有没有对象”“对象有没有钱长得好不好”“什么时候打算要孩子”。我们疲于应对这样的问题，而且会因为这种压力衍生出一种并非源自自己内心的需求：“我年龄不小了，我该谈恋爱了”当你保持着一种社交压力去择偶的时候，往往容易做出错误的选择。

人生当中做出的很多选择多数是源于外部刺激，比如高中时候的好好学习，比如结婚后的生孩子。爱情也是一样，我们想要找一个工作稳定，门当户对，这是来自于家庭的需求，是一个稳定的基础。但是如果你没有找到自己的内核需求，可能就会导致一个悲剧：在你结婚甚至生子后，经过漫长的时间，你才慢慢醒悟到自己在一段感情中真正需要的是什么，但是那时的处境，你再想打破重来，恐怕就没那么简单了。

2. 内核需求

内核需求更多是源于双方三观契合，也就是对外界的人和事认知要一致，否则就很容易在日常生活中衍生冲突。之前在我的情感咨询经历中，有过这样一个典型案例。

问：

宏桑你好，现在我有一个困惑，我跟男朋友在一起三年了，目前是同一所学校的大四学生。我们两个人的家庭都在湖南的一个小城镇，我毕业后想回家考公务员，而且父母也比较支持，但是男朋友一心想去北京发展，说北京有更多的机会，不想回到家乡，我担心在大城市生活压力太大，可他对这方面很坚持，不肯退步，我现在不知道怎么办，如果没法在一个城市工作，是不是要面临分手？

答：

这段感情分手的概率很大，根本原因不是要去哪个城市发展有分歧，而是对于未来生活的态度不一致。本质上他是一个挑战型人格的人，每一个阶段都会要求自己脱离舒适圈，去挑战更多的目标，所以在他心目中，北京是最佳选择。而你是一个安逸型人格的人，对你而言，家庭，陪伴，安全感是核心词汇。这种认知差异会让你们两个面临现实婚姻生活的时候，处处有冲突，大学期间恋爱甜蜜，只是因为象牙塔环境掩盖了很多冲突。

像上述这种因为三观不合导致相处困难的案例，不在少数。

举个最普遍的例子，很多情侣因为“联系频率”这个简单的事儿而分手，在我最近的学员里就有两例，一例是某个男学员抱怨女朋友要求每天都要视频通话，而且每次都要一个小时左右，实在是不堪重负；另一例是某个女学员“吐槽”男朋友安全感太低，每天都要让她报备去哪儿了，跟谁在一起，这种监控的感觉让人觉得索然无趣。

类似于这种双方对于相处模式的定义不同，导致恋爱后感情质量极速下滑。所以在恋爱之前，最好跟你的恋人描述一下你理想中的具体恋爱场景，具象化一些自己对于恋爱的真实需求。

2.2 别把恋爱谈成短期关系

2.2.1 短期关系和长期关系

短期关系在英文里被称为“休闲性行为”（Casual sex / Sexual hookup）或者“非承诺性接触”（Uncommitted sexual encounter），指的是在浪漫关系之外发生的性接触，一般而言这种关系往往只是为了追求激情而缺乏承诺，故被定义为“短期关系”。与之相对的，是以恋爱或者婚姻为目的的“长期关系”。

短期关系这里不做过多介绍，重要介绍长期关系。因为这本书的主旨是脱单，目的是让大家找到适合自己的另一半，幸福地生活。

短期关系分为多种类型，有偶发性的性关系，也就是我们通常所说的露水情缘。

我们需要注意的是，分清楚长期关系和短期关系的差别，避免在追求爱情的时候遭遇不好的感情。

长期关系包括以下两类，在长期关系的构建中，更注重亲密和承诺这两种需求的创建，且有单一排他性。

1. 恋爱

长期关系的初期阶段，彼此之间被对方的特质吸引，从而在一起，用男女朋友的方式约定彼此的行为边界。

2. 婚姻

婚姻在本质上是通过法律手段，共担经济风险，携手度过一生。

但往往互有好感的双方，对双方关系的定位不同，导致了很多悲剧抑或闹心的故事发生。

几个月之前，我的女性学员小 Z 跟我“吐槽”她被一个男生纠缠了，仔细问了才知道，她跟这个男生是通过社交活动认识，无聊的时候两个人经常开开玩笑聊聊天，出于对寂寞生活的调剂，在她主动引导下，两个人发生了性行为，后面小 Z 直接告诉了男生只是玩玩儿。没想到那个男生把她当作了真命天女，一直保持着“执子之手与子偕老”的态度去天天表露真心，再三拒绝之后，小 Z 将其拉入黑名单，不料这个男生联系到了小 Z 身边的亲密好友，不停地企图恢复跟她的联系。

小 Z 遇到的苦恼，也是源于她一开始没有给男生足够的关系预期，双方的关系定位发生了极大的偏差，她要的只是一段短期关系，而男生直接把这段关系定义为了长期关系中的婚姻关系，所以才如此纠结。

我的另外一个女学员小 V 最近就更加痛苦，通过一次线下的聚会活动，她认识了一个条件相当优越的男人：名校毕业，工作体面，在聚会中也待人诚恳，说话风趣，让她一见倾心。

这个男人对小 V 也是殷勤有加，每天都要聊很久，言语之中也充满着对小 V 的夸赞，以及描绘未来跟她在一起的恋爱日常。面对这种情场高手，小 V 很快沦陷，再确定过恋爱关系之后就跟这个男人发生了关系。

当小 V 想进一步推进这段关系，提出见一见双方父母的时候，这个男人却换了一副面孔，言之凿凿地告诉她自己事业正在上升期，还没打算定下来。

所以在跟一个人进入长期关系之前，务必确认一下，对方对这段关系的定位是否跟你一致。

2.2.2 如何判断对方来意

对于很多女生来说，如何鉴别对方是不怀好意，永远是恋爱过程中的一大话题。

在写这一章节之前，我调研了一下，最后，总结出了如下几点：

不主动不拒绝不负责；

欺骗感情，打着恋爱的幌子，实际上达成自己目的后就直接“甩尾”走人，等等。

那么，该如何鉴别感情中这种欺骗行为？或者，该如何鉴别对方对于两人感情的定位与自己一致呢？

前不久我的一个粉丝小 Y，跟我“吐槽”了一件类似的事情：（案例下图）

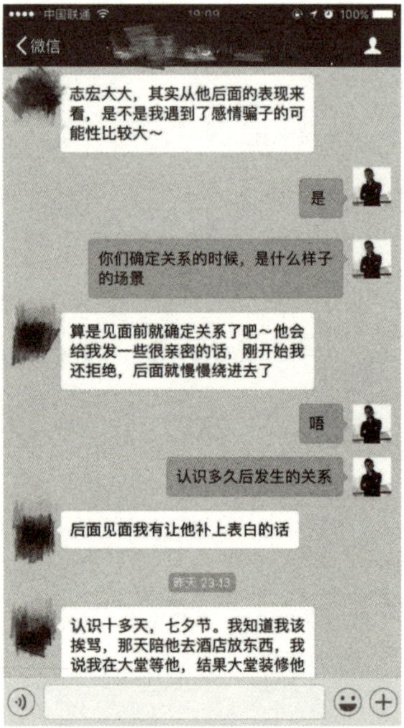

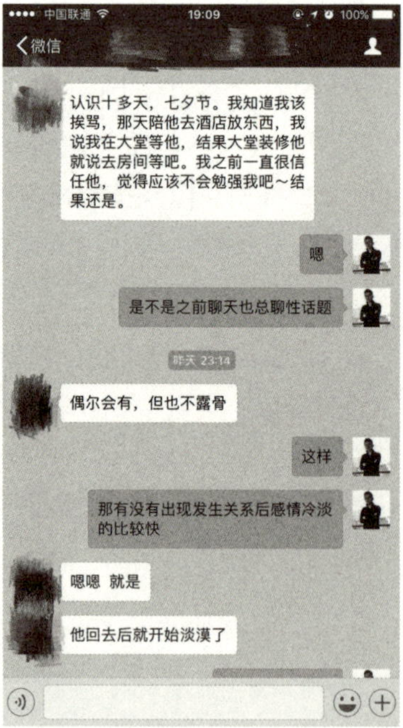

在2017年七夕前不久，她通过某社交软件认识了一个男生，该男生“人设”十分优秀，国内TOP5大学毕业后，又去海外留学，再加上殷勤有加，浪漫和温情结合得恰到好处，小Y很快就接受了。每天定时聊天，频繁约会，迅速进入了热恋的节奏。在认识十多天之后，恰逢七夕，这个男生以酒店大厅装修太吵为由，将小Y带到了自己的房间，甜言蜜语下，两个人第一次发生了关系。

小Y那时觉得自己好幸福，以为遇到了真命天子，脑海中想的全部都是以后在一起的甜蜜情景。过了没多久男方态度大变，一方面联系频率大幅度降低，每次说话也是不冷不热，另一方面每当小Y问他们两个现在算什么关系的时候，又拿出一套与之前完全相反的说辞：自己准备再出国深造两年，近两年不打算投入到长期关系当中。

听到这里，我判断出，小Y是被这个男生欺骗了。然而直到我告诉她事实的时候，她还是觉得不可思议：不应该啊，他学历那么好，怎么看也不像感情骗子呀？

处在恋爱期的年轻人总是盲目的，无法理性甄别对方的来意，那么通过这个案例，总结一下如何判断对方的情感诉求与自己相同。

如何甄别对方是想保持短期关系？

一般纯粹为了短期关系的人会在接触中展现出比较强的性需求感。上面的案例中，在开始接触的时候，这个男人跟小Y聊天的时候，就偶尔把话题转到性话题上。把关系定义在短期关系的人，都会通过聊性话题的方式去试探对方的边界。在初次约会的时候，急于约对方去私密空间，比如去自己家，去私人影院等等。

如何甄别对方对你的感情是否是真实的？

在聊天的时候，加入自己对感情生活的预期，然后观察对方的反应。比如当两个人聊起情感这个话题时，一方可以向另一方描述理想中的情感生活“我想要找一个这样的男/女朋友，每天下班之后，我们能够一起去逛逛超市买些食材，然后回家做饭，这样会很温馨。”当你去描述这个场景时，你其实已给了对方一个信号：我想要一段怎样的情感关系。当然，对你不赞同的相处方式，也可以借助别人的故事讲出：“我有一个闺密，上一次相亲的时候，那个男生竟然见了两次面就跟她发生了关系，我觉得特别不能接受，你觉得呢？”这种借助别人的故事表达了自己的观点，也可以试探对方的心态。

2.3 个人形象，你的头号招牌

说到脱单，每一次我总在向各位男生女生强调个人形象、服饰穿搭的重要性，因为“你永远不知道下一秒会遇到谁”。

男生与女生见面也是如此，说不定这次的约会对象就会成为你今后共度人生的伴侣。

假想你们上了年纪后回想第一次约会，你也不想她在孩子面前嘲笑说“你老爸第一次约会时穿的衬衫连领子都没洗干净”吧。

不管是男生还是女生，个人形象应该算是自己的头号招牌了，招牌做得好自然受到的关注就多，这样也就无形提高了自己在脱单过程中的竞争力。

很多人在听到个人形象的第一反应是服装搭配，其实不仅如此，一个人的个人形象包含很多方面：个人卫生、发型、身材、服装搭配等，这些都是可以通过后期学习去提高的。

2.3.1 个人卫生

这一节主要是说给男性同胞们听的，虽然不服气但是不得不承认，绝大部分男生相比于女生而言，总是会显得不精致，其中很大程度在于男生潜意识中并没有重视个人卫生的习惯。比如，面部皮肤护理、指甲清洁、胡须鼻毛修剪、口腔清洁等。他们总觉得“男生讲究那么多，跟女生似的”，事实上这些东西是一个人最基本的个人卫生习惯，不分男女。

1．关于指甲清洁

我问过一些男性朋友，他们为什么留指甲，居然有人回答我：因为掏耳屎方便……

我相信但凡一个和她相亲的女生，坐在对面听到他这样的回答，起身走人的心都有了。

在绝大多数情况下，是女生对留有长指甲的男生是不感兴趣的，第一印象会比较排斥。建议把指甲剪掉然后用指甲矬子，把边角打磨光滑。

定期清理指甲（包括手脚），勤洗手给别人一个良好的形象印象。

2．关于胡须和鼻毛

胡须和鼻毛应该是男生在个人卫生方面最容易忽略的两点，但这两点却特别重要。想想看，如果一个女生穿着打扮让你非常心动，但是女生走近后，看见你鼻孔里居然有三四根鼻毛露在外面，将会是啥感觉……所以说，男生出门尤其是相亲或约会的时候，一定要照下镜子，看鼻毛是不是露出来了，如果是，最好有一个修剪鼻毛的剪鼻毛器。

然后就是胡须，我在这里提醒大家，胡子尽量不要留，如果留了，你就要经常像打理发型一样去打理它；如果说你根本没心思去打理，那就干脆都剃干净，至少给别人一种干净利落的感觉。注意，这里强调的是胡子一定要剃干净！干净的意思就是看不到明显没剃干净的地方，有的男生剃胡子特别不仔细，不是下巴，就是嘴唇上面留了那么几根还挺长的胡子，看起来很不雅观。剃完胡须后，一定要在光线比较好的地方用镜子反复检查一下。

3. 关于口腔卫生

口腔卫生主要体现在你和别人近距离交谈时口腔有没有异味，牙齿上是不是留有白天吃饭时留有的菜叶，等等。杜绝这点最好的办法就是经常刷牙，尤其是饭后以及出门前，这是一个好习惯，对你的牙齿健康有帮助，同时也能改善你和别人说话时的空气质量。值得说明的一点是，在口腔卫生方面，其实不完全都是男生在这方面不注意，有的女生也是，说话时口腔带有一些异味。毕竟是否有口臭，自己有时候还真闻不出来，所以不管是男生还是女生，如果说你外出吃饭没办法刷牙，包里随身备一盒口香糖是最便捷的办法。饭后自己来一粒，同时也分享给别人一粒，保持口气清新。

2.3.2 发型和身材

1. 男生应该怎么去弄发型

关于发型，男生比女生可选择的范围要小得多，每当去理发店和理发师攀谈男士发型有哪些时，几乎每个理发师都会异口同声地说，“其实男生的发型基本大同小异，至少日常生活中留的发型都是如此。”所以男生只要根据自己的脸型稍微设计一下，就可以找到适合自己的发型了。

（1）椭圆形脸

椭圆形是女性的理想脸型，对于男性可能少了一些阳刚之气。不过幸运的是，由于均匀和对称的脸型，可以尝试的发型范围特别广。

（2）方形脸

男士最理想的脸型是方形脸，方形脸就跟椭圆形脸一样能够适应不同的短发，也能与更长的脸型搭配，越短也就越精神，并没有什么不好。

（3）长方形脸

长方的脸型介于椭圆和方形之间，但它需要更多的心思去调整，确保不出错。所以要尽可能保证两边不要太短，并且保持一定长度的顶端发型，不然会让你的脸型显得更长。

（4）圆形脸

圆形脸的男士下巴没有明显的线条和角度，所以需要增加一点角度和维度到发型中。

（5）菱形脸

菱形脸是不多见的脸型之一，并且在下巴、脸颊、眉骨还有两颊的造型中，能明显看到切割般的痕迹，所以需要在下巴和额头部位增加宽度，条纹的刘海是最好的质感。鬓角两边的头发不建议剪太短，那样会凸显耳朵很大。

给大家看两张对比照直观感受下：

所以，对于脸型方面，其实只要稍加注意，男生发型基本不会有大问题。

值得注意的是，有少部分男生因为发质问题，如发量过少，很多发型基本上都实现不了，对于这种情况，建议可以从服装搭配上面做些小文章，如戴一顶小帽子。

2. 女生适合什么样的发型

女生在发型方面就更加讲究，脸部分类也更加精细，毕竟和男生不同，女生基本是留长头发。下面给大家提供几个脸型适合的发型。

（1）心形脸

心形脸又被称为“倒三角脸”，这大概是当下女生的最爱脸型之一，做发型时，要注意额头及下巴，刘海可以做齐一排，头发长度超过下巴两厘米为宜。可以尝试斜刘海，这种发型可以凸显自己尖下巴，让其成为视觉焦点。同时需要注意，太短或过于平直的齐眉刘海，以及浓密的小卷发（无论长短）都是需要避免的。

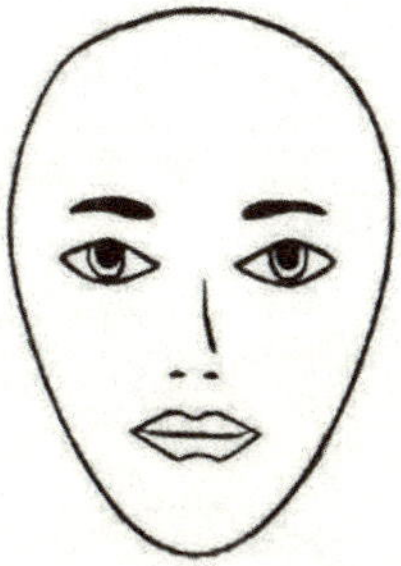

（2）方形脸

方形脸的女生前额比较宽与腮部一般偏方形，缺乏柔和感，做发型时一定要尽量剪比较柔和的发型，比如留长一点的直披发，不宜留短发，当然如果实在中意短发也是可以的，那就想办法增加发型的柔和感，比如增加发型的卷度。

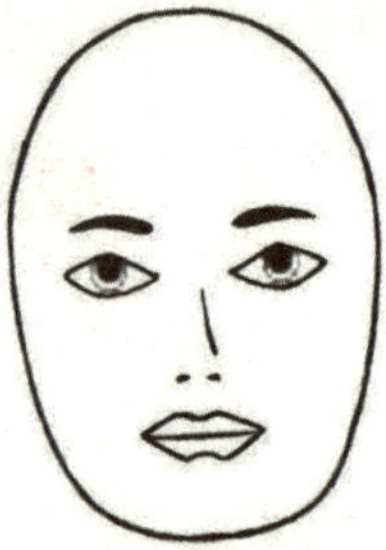

（3）圆形脸

圆形脸又称鹅蛋脸，是一种比较标准的脸形，因此适合的发型会比较多，这里就不一一介绍，只要能算做到脸部看起来修长就会很和谐。

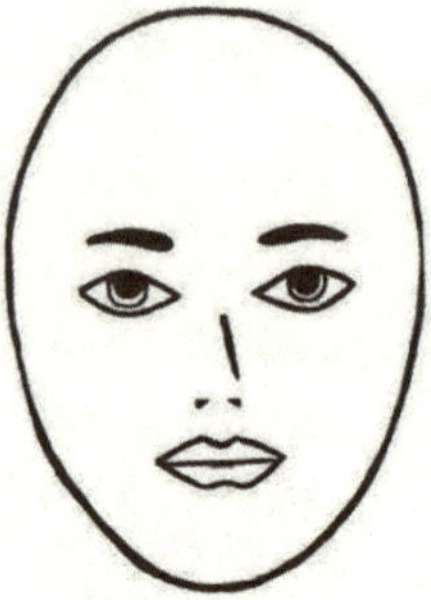

（4）菱形脸

菱形脸又称钻石形脸，这种脸型最大的特色就是比较有立体感，基本是额头较窄，颧骨稍宽，下巴很尖的那种，所以在设计发型时一定要想办法遮盖额头的不足，菱形脸适合饱满的刘海，后脑勺的头发要尽量蓬松，整体线条更加细长柔和。总之，基本上菱形脸的人可以轻松驾驭适合方形脸的发型。

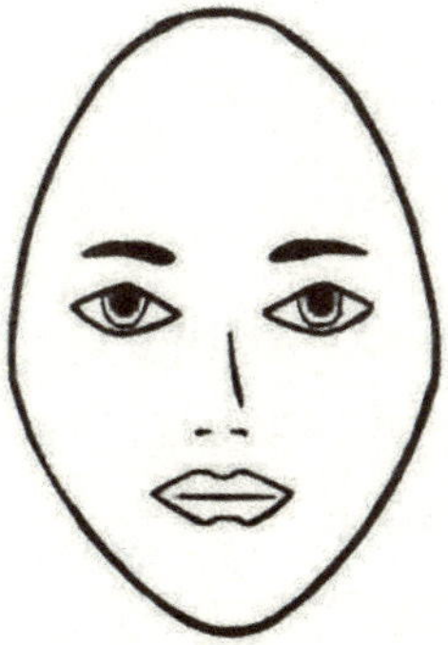

（5）长脸

长脸的人一般额头发际线较高，下巴较大且尖，脸庞较长。由于本身脸型长度问题，一定要避免把脸部全部露出，最好有刘海，头顶的头发最好尽量柔顺，而脸部两侧头发较为蓬松的发型为基础点。千万注意不宜留长直发，推荐如长蘑菇发型、学生发型等。

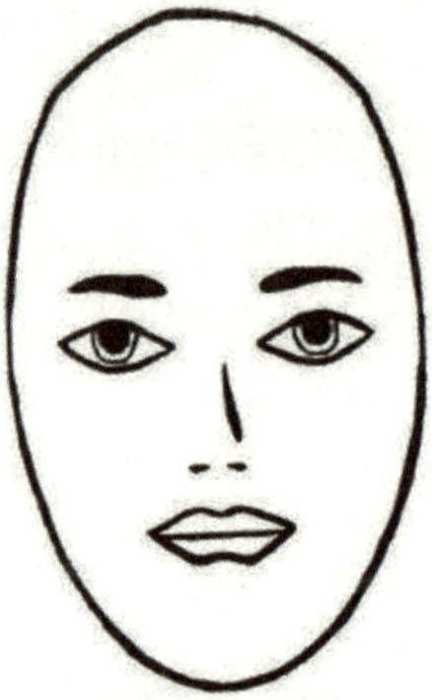

（6）瓜子脸

瓜子脸应该是所有女生最梦寐以求的理想脸型。不论是长发短发、直发卷发，基本上任何发型都可以 hold 住并能达到很和谐的效果，是传统审美眼光中的最佳效果。

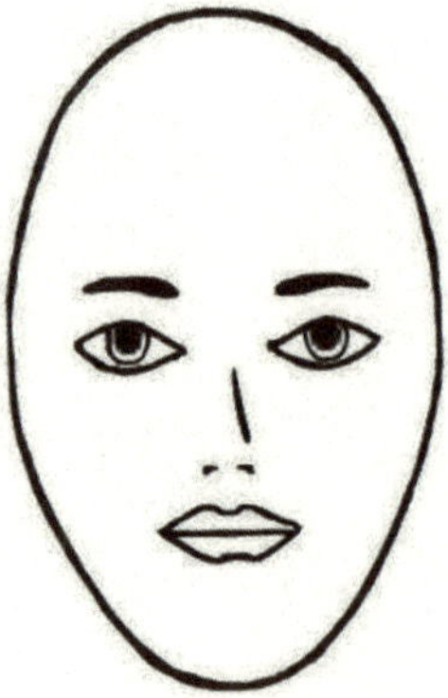

2.3.3　服装搭配

首先，在讲服装搭配前，我必须告诉大家，服装搭配真的是一门技术活，需要你不断去提高不断去尝试，笔者写这一章的目的就是希望大家能够在这方面培养一个良好的习惯，而不再像以前那样，买衣服穿衣服基本都是胡乱穿搭。所以，有没有一种万能的搭配，我只能说：没有！没有万能的东西，只有懒人的思维。

在学习服装搭配之前，你必须清楚自己是什么风格的人，适合什么风格。只有合适的才是最好的。其次，不同的场合对着装的要求是不同的。你总不至于穿西装去健身房，穿登山户外装出现在五星级酒店参加酒会吧，所以要根据不同的场合选择合适的衣服。至于什么样的场合穿什么衣服，以及每个品牌的衣服，都是主打什么风格，这个问题留给大家自己去做功课。这里我教大家一个方法，就是去商场考察一下，先整体感觉店内的衣服大概主打是什么样的风格，然后去网上搜索看看和自己初步判断的是否一致，这样当你下一次需要这样风格的衣服，你就知道该去哪家品牌店了。同时风格了解的多了，你可以尝试和选择的机会也会更多，毕竟服装搭配就是要多去尝试，很多时候是只有上身试过以后才看得出最终效果。

抛开风格、场合，你就要了解自己的肤色，肤色白的女生可以自由选择颜色；皮肤黑的女生最好不要再选择紫色、绿色等比较亮的颜色，容易显黑；同样肤色黑的男生不建议穿一身黑，因为那样也只会显得更加黑；肤色偏黄的女生就不要选择黄色了。

其次，一定要深知自己的缺陷，取长补短。

比如：

腿短的男生和女生选择上衣时，一定不要过长，不然把腿遮住只会显得更短。女生可以通过提高把上衣塞进裤子里，或者穿高腰裤来提高自己的腰线显得腿长，身材比例好。

女生手臂粗就不要穿吊带、露肩的一字裙，大腿粗可以穿蓬蓬裙或阔腿裤。

男生如果腿粗的话，一定不要穿过于宽松的裤子，不然只会显得你的腿更加粗胖。

第三，在购买衣服前，你必须要了解自己的身体数据，身高体重就不说了，最基本的如三围肩宽这些总得清楚。记得这些数据以后，至少也有一个可以奋斗的目标。

了解了自己的身体数据和短板之后，具体应该怎么去搭配呢，要满足以下四点基本要求。

1．简约

简约在这里有两个意思：第一个是指穿着颜色不要花里胡哨，尤其是男生；第二个是指风格的简约，就是全身上下尽量保持风格统一。很多人在穿衣搭配方面，对于每个款式的搭配特别不讲究，比如户外夹克搭配皮鞋，运动跑鞋搭配洗得发白的牛仔裤。

2．干净

干净主要体现在小细节上面，衣服是不是皱巴巴感觉像穿了好几年的，T 恤领口是不是已经不够挺了，小白鞋是不是脏得发黑了。要知道衣服买回来日常的打理和保养是很重要的。这点对于男生女生都是如此，再漂亮的水晶鞋，让灰姑娘穿上往泥潭里走一趟也就不能看了。

3．合身

穿衣一定要穿的合身！穿衣一定要穿的合身！穿衣一定要穿的合身！

为什么要说三遍，因为很多人在这点上做不好，尤其是男生的裤子，很多人都会买比自己腿看起来更加松垮的裤子，本来体重 150 斤算偏胖体质，穿得跟 180 斤似的。所以，合身很重要。怎么做到呢，对比自己身体尺寸和衣服尺寸，只要衣服尺寸比身体尺寸稍微大一点点就可以了，过大了就是肥大，过小了就是紧身。瘦的人一定不要穿得过于紧身，尽量选择稍微宽松一点点的衣服，另外就是不要穿得过于单薄。胖的人千万不要穿得特别宽松，同时尽量不要选择白色等浅色系的衣服，容易显肚子。

4. 色系不混乱

在颜色搭配方面，要遵循“三色原则”的基本搭配法则。那么全身上下那么多单品，怎么做到控制在三种颜色呢？很简单，某些单品保持同样的颜色就好。比如：女生的包包总会跟自己上衣或者鞋子同样的颜色，男生的鞋子总会和自己上衣同样的颜色，手表总会和自己皮带和鞋子同样的颜色。所以很多人买衣服时只管单品好看就买，但是最后穿在身上为啥不协调的原因就在这。因为没有考虑到自己有没有同样颜色的单品能够跟它搭配。

以上几点要做到不犯错，想要让别人觉得你时尚会穿衣服，自己还是得在这方面多花点心思。

请看下面的照片中，注重穿搭和不注重穿搭，呈现的效果是完全不一样的。

2.4 To 女生，如何激发保护欲

在前面的章节说过，即便你在工作中是个独当一面的女强人，那么在恋爱中，也应适当保持不那么强势的一面，毕竟，激发起一个男人的保护欲，是产生好感和责任感的重要一环，以下 4 点尤为关键。

2.4.1 第一要诀：保持柔弱

在日常生活中，其实不难发现一个规律：无论发生什么，柔弱的女生，容易受到男生的关注。

男生对于弱小的女生总是会表现出“心疼”的情绪，尤其是看到那些爱哭的女生，男生一般都招架不住。

当一个女生把妆容都哭花了，那么她一定是经历了天大的痛苦。

2.4.2 第二要诀：默默付出，最后被发现

比如：

你偷偷帮他整理办公室，然后假装不小心在他桌上落下你自己的东西。

你不远千里乘火车去看他，然后在朋友圈发个照片。

你给他送爱心便当，便当盒上写着你的名字。

“终于，他发现了你的好，握住你的双手，亲爱的把锅放下，别再煮了 ..”

男生发现女生默默付出，会让他们感动，从而产生要保护这个女生

的念头，但是这个要诀一定要记住三个字：

被发现！！！

默默付出最后被发现，于是你们佳人成双对。

默默付出最后没被发现，那你大概只能是个过路人！

2.4.3　第三要诀：死扛

明明需要帮助却说不需要。

女生嘴硬的时候往往会令男生觉得很心疼，这样男生的保护欲就会迅速上涨。

死扛不是傻，是让男生看见自己坚韧的品质，让男生产生这样的想法：

天哪，这个女人好坚强，好容易引起我的注意，我要保护她。

2.4.4　第四要诀：让他喜欢你

当一个男生喜欢你的时候，你就算沉默他都会心疼。

所以当一个男生想要保护你的时候或者是那时候他刚好有空，或者是那个时候他心情刚好，又或者是他刚好同情心泛滥。

但是想要让一个男生每时每刻都有保护你的欲望，除非让他喜欢上你。一个喜欢你的男生，你在他眼里的一举一动都是美好不做作的。

2.5 To 男生，不要再送妹子这些礼物了

之前回答过一个来自粉丝的问题“男朋友在第一次约会时送了箱牛奶，是什么意思？”

下面就来聊聊送礼物的正确姿势。

先来两个例子：

女孩子跟你说“家里东西坏了都不知道怎么办呢？”意思是让你多关心她，不是让你送她一盒包含锤子、螺丝刀的工具箱。

女孩子跟你说“想要一支永不凋谢的玫瑰”，指的是想要精致的玫瑰，不要傻乎乎地送那种看起来像 15 元可以买 2 支的玻璃玫瑰。

首先，我们思考一下，送礼物要达到什么样的效果：

① 送的物品女生能经常用到，这样她每一次使用都可以加深对你的感情。

所以：尽量不要送风铃、音乐盒、diy 纸玫瑰等这种自我感觉良好的东西

② 送的礼物能让女生在闺密面前小小秀一下，这种好感加成简直是五颗星。

而“直男”们最容易犯的错误，就是盲从于网上的各种送礼攻略，而网上的信息充满了各种误导。

送女生礼物请考虑三点原则：实用、性别感强、品质。

2.5.1　实用

实用是指尽量保持在生活中出现的频率高，在能用得到的基础上请仍然保留着一点点的情调。

请不要一想到送女生礼物就自然而然联想到音乐盒、相框、大毛绒玩具、折千纸鹤、纸星星、各种工艺品、摆件、格子铺里能看到的东西。送这些只会让你的心态看起来像个初中生。格子铺、南锣鼓巷、田子坊、春熙路这些地方卖的小物品也不太适合在重要节日 or 生日送。

这里说个反例，在上大学时有对情侣，在女孩子生日礼物的时候，男生偷偷突然找到我说：她马上就要生日了，我为她精心准备了一个礼物。

于是他一边说着一边掏出了一把锤子，这把锤子是他实习的时候用了一周时间打磨出来的。

“你说她收到我亲手制作的礼物会不会觉得很感动”。

我当时只有沉默以对。

室友妹子们看到这条信息全都无语了。

2.5.2 性别感强

性别感强的意思是，把送礼对象当作成熟的女性去看待，即送有强烈性别感的礼物。

什么是有强烈性别感的礼物？

新款包包；

有设计感的首饰；

经典款香水；

颜色美妙的口红；

优雅的细高跟鞋；

……

假如你送的礼物正好符合对方的心意，即你的形象就会迅速被划分到“有魅力有品位的男人”的范围里。

请想象一下，你摁响女生家的门铃，说“我出差刚回来，给你带了礼物。”然后从纸盒里拿出一双 Prada 新款高跟鞋，说“也不知道尺码合不合适就买了，试试看吧。”然后她在你面前脱掉鞋子，穿上高跟鞋，站起来在你面前转来转去，问好不好看~

这是一幅怎样的场景！！

再想象一下这个场景：女生过生日，生日宴上大家都送礼物。女生拆开你的礼物，里面是一个特别有创意、有设计感的体重秤。

女生应该也会说声“谢谢～我真的很喜欢～”然后默默把你划分到了“普通朋友”的范畴中。

get 到重点了吗？

所有男士请跟着我念：

女人有多少件衣服都不会嫌多！

女人有多少个包包都不会嫌多！

女人有多少双鞋都不会嫌多！

女人有多少支口红都不会嫌多！

女人有多少件首饰都不会嫌多！

送得对味，永远优雅。

2.5.3　“贵”

如果说实用是基础，性别感是进阶，那么“贵”就是必杀技。

贵不是指单纯的金钱数量，而是礼物在同类别产品中是否算得上有品质。

假设你马上要给你的“女神”准备礼物，但是你只有 50 元预算，那如果给她买一个 50 元的包，那么她会不开心的。

如果预算只有 50 元，请给她买哈根达斯，因为哈根达斯在冰激凌中，算是品质不错的。

如果你打算用 500 元给“女神”买礼物，千万不要买一款双卡双待的国产手机。

如果预算为 500 元，请给她买一支口红，她会很开心。

同理，假如你很有钱，送礼预算在 50000 元，请不要买一款两厢的五菱宏光，给她买块手表，她会很开心。

依此类推，要让女孩子接到这个礼物的时候，感到这个礼物是“有品质”的。

请记住如下通用礼物：

送经典不衰的包。

送不起包就送衣服。

送不起衣服送配饰。

送不起配饰送香水。

送不起香水送口红。

当女生拿着你送的礼物，心里有了“太贵重了我不能收”的感觉，你就成功了一半了～

当女生身边的同性能看着你送的礼物，表达出“好羡慕啊～”好想要啊～的感觉，你也基本成功了。

2.6 大学恋爱红宝书

自从今年高考结束，给我留言的人也日渐增多，多数问题都是怎么在大学里谈恋爱？

我的回答是，大学里当然还是要以学业为主，其他为辅。

2.6.1　男生篇

1. 人与人之间交往的基本，来自价值的吸引

不管是从人的外在来看，还是就内在修养而论，我们都愿意和能吸引我们的人交往。

如果你想吸引别人，请一定要知道你的核心竞争力是什么。

你可以去研究服饰搭配，可以去钻研学术问题，也可以去参加各种实践活动，总之这些都无所谓，因为在大学中，选择都是多元的。

核心竞争力就是，你要有一个拿得出手的优势技能，这是你和其他人打交道的基础。

2. 想清楚你想要的是什么

每个人都有自己的择偶标准，你应该好好想一想自己喜欢什么样的女生，具体的择偶标准是什么。

关于三观的问题，最好能在开始恋爱关系之前就了解清楚，而不是一时冲动和一个女生在一起，然后发现各种不合适。

如果你想做出一番事情，而且这件事情需要耗费你大量的时间精力，我希望你能做到全身心投入，不要因为别人的意见而左右你的想法。

为了脱单而脱单没有任何意义，一定要慎重做出选择。

3. 不要把爱情强加于任何不需要它的人

每个人都有自己的择偶标准，所以也要尊重对方的择偶标准。

标准没有好坏之分，一个人有一个人的看法，而且这个标准在有的人看来可能都无法理解。

所以当你被拒绝时，别着急、别生气。

比如你是一个开放的男生，但对方是一个保守的女生，你能说谁的标准就绝对正确吗?

所以一旦标准冲突，不要死缠烂打，也不要太过伤心。

4. 比起脱单而言，你应该先打开你的社交圈

在大学谈恋爱，很容易出现马太效应：有的人身边都是异性资源，而有的人每天宅在寝室打游戏。

主动扩展社交圈在任何时候都是一件好事，你参加的活动越多，你的眼界就越开阔，你就会认识更多的人，加入更多的圈子。

而如果你一开始就封闭自己，不敢主动，你只会变得越来越沉闷，越来越感觉自己和周围脱节。

当然不可过度沉迷于社交活动，我在第一条就说过了，人和人交往的基础，是价值的吸引。

5. 你该像一个成熟的大人了

在过去，我们由于要专心读书，所以和社会接触的机会并不多，但是上大学就不一样了。

不管你是否愿意，你都会渐渐地和社会打交道；不管你是否愿意，你都应该逐渐学会成熟。

成熟意味着，学会对自己的行为负责，要知道恋爱不是一句我喜欢你就没了。你同时要照顾她的情绪、她的健康。你要开始逐渐习惯考虑问题时带上她，别嫌麻烦。

成熟意味着，对自己的情绪要有把控能力。情侣相处中都有摩擦，但是希望你控制住自己，不要一不开心就冷落伴侣，对她怒吼甚至施加暴力。请记住，任何一个允许你伤害她的人，都是爱你的。不爱你的人没义务惯你的臭脾气。

成熟意味着，要开始考虑未来，要有一个职业和情感规划。你们未

来将走向何处？现在你们有生活费，但是未来一旦独立走向社会，你们要学习什么技能保证生活质量不下降，甚至过得更好？为了两人更好的相处，你们应该接受对方的哪些不足，欣赏对方的哪些优点，改正自己身上的哪些瑕疵？

听起来或许觉得有点难，但成长本身就不是一件容易的事情。

2.6.2 女生篇

1. 学会怎么梳洗打扮自己

上大学之前，你说你不够漂亮，怪父母基因不好。

上大学之后，你再说因为没有遗传好基因，致使你不漂亮，那就是你过分了。

知乎上经常有答主放上自己以前的照片以及现在的照片，她们之所以现在变得这么漂亮，都是靠自己一步步健身、美容、打扮出来的。

你已经是个大姑娘了，应该学会把自己打扮得漂漂亮亮，不为取悦谁，只为自己看得开心。

等你自己变得漂亮了，你就会突然发现有好多男生在明处和暗处追求你。

2. 明确你想要的究竟是什么样的伴侣

作为一个女孩子，你应该考虑一下，你将来想要什么样的伴侣？

如果你想要和伴侣白手起家，

一步步打拼出来自己的幸福生活，

就要做好一开始接受筚路蓝缕的生活的准备。

如果你想通过结婚少奋斗二十年，

那也不意味着你现在什么也不用干，

你得有自己拿得出手的本事，

充实你的生活，扩展你的视野，提升你的涵养，

想嫁成功人士的姑娘们多了，

你得战胜你的竞争对手。

3. 一定要懂最基本的生理卫生知识

开车很潇洒，记得系好安全带，

不管你有没有男朋友，

你也应该学好生理卫生知识，

学会怎么照顾自己的身体，学习避孕的常识。

现在仍然有一群人连急性避孕药，

一年不能吃三次以上都不知道。

除了这些，最好也了解一些妇科病的发病原因，

别年轻轻就给以后种下病根。

4. 付出可以，牺牲可以，设置好底线

恋爱中需要我们对彼此妥协，

为对方付出，甚至牺牲自己的一些东西，

但是请你明白，凡事都有底线。

底线之上，可以探讨，底线之下，一律免谈。

如果你是一个想打拼出来自己的事业的女生，

那就不要轻易放弃你的梦想，

因为有自己独立的事业是你的底线。

如果你是一个想要出国深造的女孩子，

那就不要轻易地被男朋友带着逃课，

请假陪他到处吃喝玩乐，

因为出国留学是你要坚守的梦想。

不要怕这个底线和坚守引来矛盾，

捍卫自己的底线和梦想从来都不是容易的事情。

如果你是一个特别保守传统的女孩子，

而你的男朋友威胁你说不发生关系就分手，离开他吧，不要怕。

这种不尊重别人底线和原则的人，我们俗称“人渣”。

5. 你不脱单，真的不丢人

大学女生寝室经常讨论一些八卦，

也经常有一些女生借着“吐槽”男朋友秀恩爱于无形。

会有不少人对你说，你怎么还是单身啊，

快点脱单啊，大学里不谈恋爱多亏啊。

不要在意这些人说的话，

为了摆脱寂寞而在一起的恋爱，没有任何意义。

2.7　Ta 不喜欢你，会有哪些信号

最近收到这样一个留言：

过年期间，相亲会参加了不下十场，看中了其中的一个女生，对方条件都还不错，人漂亮说话也温柔，学历也不低，就是不知道她对我有没有感觉，喜欢不喜欢我，如果我追她能有结果吗？

其实，不管是男人还是女人，不喜欢一个人的时候，会有显而易见的几种表现，下面具体来做介绍。

2.7.1 不喜欢你的那些信号

1. 基本不和你聊天

一个人如果不喜欢你，他不会刻意的不理你，不会刻意的不接你电话，一切对你的冷淡都特别自然，基本不会主动和你聊，聊天基本也是应付式。

对你没有兴趣，不会主动问候你，

不会询问你的状况或了解问题。

对你没有意思，不会无缘无故，

有一搭没一搭的找你聊天。

尽量缩短和你讲话的时间，

回复都用“嗯嗯”、“哦哦”。

不管是在电话里还是在微信或 QQ 上，

对你的问题只回“好”或“不好”，“对”或“不对”，

不透漏自己的信息，不交流自己的生活经验和观感，

对你的分享和询问不想发表意见或不表达关心，

这都表示对你没兴趣。

2. 见面聊天时候的表情

如果和你聊天的时候，

对方多数情况是比较拘谨或尴尬，

这时候你就要注意了，他跟你相处的时候，多半不开心。

3. 尽量躲着你

这一点在女生身上较为明显，因为女生是非常敏感的，往往你不必开口，甚至不必做出什么明显的动作，她就知道你对她是否有企图。

要是她对你并没有好感，却发现你似乎对她有很大的好感时，那么即使你们是同事或同学，她也会尽量躲着你，省得被你逮到机会听你啰唆；

就算躲不了，也一定是点头示意打招呼后，立刻装作很忙离开现场。

4. 每次预约基本都没空，永远都是没时间

每次你想把 ta 约出来，ta 都说有事或没空，急于说自己没有时间，那么证明 ta 对你没意思。

如果一个人，对你没意思不可能会愿意花时间和你出来。

5. 约出来了一次，但就没了下一次

有些人会说，真奇怪，

我上次和那个 ta 约会时，感觉挺好的啊，

不仅聊天的内容包罗万象，席间还笑声不断，

感觉 ta 应该是对我有兴趣啊，

但怎么之后就再也约不出来了呢？

我不得不说，有很多人在有喜欢目标的时候，会有一个错觉

常常自以为约会的时候表现得很好，

同理可证觉得对方应该也有相同的感觉，

可事实根本不是那样。

即使对方跟你出来感觉不错，

但随后却突然失去联系或没有下次，有一个很重要的理由是，

你没有 ta 身边的异性优秀，

或达不到 ta 希望在一起的那个异性的标准。

于是很抱歉，ta 又不好意思直接告诉你实情，

只好用没时间或不再联系当成是日后不再赴约的借口。

2.7.2 Ta 喜欢你，会有哪些信号

1. 你说什么 ta 都会应和

当我们对一个人有好感的时候，潜意识里会提升两个人的亲密度，会最大限度地给予正反馈。

比如你做了一道菜，他连夸菜做得好吃；

你秀了一个知识点，她就一脸崇拜；

哪怕你讲了很无聊的笑话，她却依然笑得前仰后合。

2. 不排斥跟你的肢体接触，甚至会主动制造肢体接触

当我们不喜欢一个人的时候，会很反感跟异性的频繁接触，因为会觉得尴尬和不自然。

当女人心有所属的时候，身体才是格外诚实的，一些小的肢体接触比如拍拍头、拉拉手，她会甘之如饴。男人同理，你会发现在一起的时候，他总是有意无意在制造身体接触。

以前经常有粉丝问我：

“宏桑，我喜欢一个人，想要跟她表白，但是不确定她是不是喜欢我，该怎么办呢？”

而我的回答是：

不要着急在语言上表白，真喜欢，你就趁着过马路的时候偷偷拉住她的手，如果她不排斥的话，那么，你的机会就来了。

3. 女孩子在你的面前变得柔弱

可能她在工作中是一个想法果断的女强人，在生活中是一个自立自强的女汉子，可是，遇到喜欢的人的时候，她们也会柔弱的像一只小猫咪。

即使是平时自己特别擅长的事情，都可能不会去做，因为在跟你相处的过程中，她自愿扮演弱者的形象，而把强者的定位交给你。

比如平时她可能自己修得了马桶换得了大桶水。

在喜欢的人面前，就会变成连矿泉水的瓶盖都拧不开。

所以不要再嘲笑“女汉子”了，因为她们只是没有把柔弱的一面展现给你而已。

4. 男人在你面前变得攻击性较强

有的男生在平时生活中温文尔雅，但是面对喜欢姑娘的时候，男人的天性会让他表现的更有魅力。

这种魅力有可能是表现出对社交场合其他同性的敌视；

也可能是不停地展示自己的学识经历，就如同孔雀求偶时不停晃动它们的羽翼一样。

5. 会为你精心打扮

所谓士为知己者死，女为悦己者容，如果女生单独跟你在一起的时候，总是打扮得很精致：

精心打理的秀发，精致的妆容，充满了荷尔蒙味道的香水，那么恭喜你，说明她在意在你面前的形象，多半对你有好感。

男人同理，可能你喜欢的对象是一个有点耿直的理工男，平时衣服也就那么两件，但是每次见你的时候，总是穿着刚刚洗干净的衣服出来，甚至还喷了古龙香水，那么也充分说明他在你面前格外在意形象。

同理，如果每次她见你时，她都是素面朝天，甚至头发也懒得洗。那么也恭喜你，你是她为数不多的不洗头也能见的好朋友。

6. 微信回复频率

一个人对你是否在意，其实通过微信回复频率就很容易判断。

很多时候我们在感情中都太敏感，明明是互相喜欢的两个人，相处的时候畏首畏尾，想要表达的时候患得患失，从而错过。

太过于在意别人的眼光，一点点挫折就会无限放大，朋友一个眼神，喜欢的人给一个负面信号，就特别害怕，从而对感情转向消极。

怕受到伤害所以不敢付出，怕遇到失败所以不敢尝试，现在社会上这么多剩男剩女，试想一下，多少人是真的追了被拒绝，多少人是干脆不敢去追。

愿大家忠于自己，敢于追求爱情。

情感答疑

问：

本人女，毕业一年，和男朋友在一起快三年了。大学还没毕业我就出来找兼职了，但是他不工作，这一年报班考公务员也没有考上，我一开始想全身心支持他自己的想法，但是身边的朋友说什么的都有。他也不认真学习，每天在家打游戏，从白天打到晚上，也不太联系我，基本上一个月来看我一次，总是感觉现在和他在一起看不见未来，我是应该继续支持他，还是离开他……

答：

李安的老婆养了他六年不是让他在家玩王者荣耀的。

美国心理学家斯滕伯格把完美的爱情拆解成三个层次，也就是著名的爱情三角理论：激情，亲密，承诺。

解读一下，意思就是一个女人在选择另一半的时候，三个标准是：生理上要有吸引，生活中三观一致有话聊，相处的时候觉得有安全感。

安全感来自于双方有未来的共同规划，如果双方中有一个眼里有未来，有一个只关注当下的玩乐，那么这段关系恐怕无法维系长久。

问：

老师你好，我最近和一个男生相处得很开心，但是这个男生是我前男友的好朋友，虽说我和我前男友早就分开了，但是我担心这个男生会有这个心理包袱。我是真的蛮喜欢这个男生的，他和我互动时也很轻松，请问我该怎么试探他的态度呢?

答:

试探一个人的态度，我有一个方法，就是讲故事。

不要直接去问你想问的问题，尤其是这个问题比较敏感，你可以先含蓄地讲自己有一个朋友的故事，这个故事的内容不重要，重要的是，它的核心是“两个人最后因为太在意外人的眼光，而不得不分开”。

讲完这个故事之后，你就可以对他说：“其实我觉得我这个朋友太傻了，在一起本来就是两个人的事情，你情我愿开心就好，别人未必会这么觉得，既然喜欢，就要勇敢在一起。”

说完，看他的反应，如果他表达了认同，说明他心里没有这个包袱，你就大胆去谈恋爱吧。

问:

老师您好，我这段时间有个疑惑。您不说和女孩子刚认识时要展示出自己的优秀面吗，我也展示了。在同学婚礼上认识了一个女生，加了微信之后，刚开始和她聊我们的共同朋友还聊得很开心的，然后我记得和女孩子聊天要注意展示自己，所以我就给她经常发一些我出国旅行的照片，还有我养的小宠物的照片，但是她刚开始还热情回应，后来回复越来越冷淡，这是怎么了?

答:

我们的确说过要向女生展示自己优秀的一面，但是就优秀本身而言，有很多不同的标准。

比如我是一个 lol 的发烧友，那么如果一个“学霸”跟我讲他的学习方法，我就提不起来一点兴趣。因为在我看来，能逆袭翻盘的人，才是我认为可以好好聊一聊的人。不是说“学霸”本身不优秀，是因为他的优秀和我的兴趣没有重合的地方，我们就很难聊起来。当他展示他的各种奖项时，我的内心就是一句话：“哦，所以呢？和我有什么关系呢？”我们和女生展示自己的优秀面时，千万别忘了和她要有互动，抓住她感兴趣的领域去展示自己的优秀。展示不是重点，重点是互动和吸引，千万不要一个人坐在那里自嗨。

问：

老师您好，我想问一下，您怎么看待知乎上最近的“相亲的第一步是看脸吗？”的这个问题？最近马上就要去相亲了，想听一下您的看法。

答：

相亲的第一步是看脸，单从这个句子来看，并没有什么大问题。毕竟两个不认识的人，见面就要谈一件可能相处一辈子的事，对颜值有点要求不过分。但是别被我这一句“看脸没毛病”给吓到了，我所谓的看脸，不是要你长得沉鱼落雁玉树临风，而是只要颜值基本过关就可以了。我们大部分人都是颜值不上不下的普通人，所以重点在后天的打扮上。如果你是男生，一定要注意自己的清洁卫生，最起码让人家觉得你干净利落。接下来就是更重要的经济基础和三观问题了。经济基础和三观问题说简单也简单，说难也难，合适的根本不用多说，不合适的累死也没办法。

问：

老师您好，最近在家里人的催促下我走上了相亲之路，见了几个男孩子感觉都还不错。我和我的家人都理解，在男孩子年轻的时候事业还没有起步，所以物质上的条件只要基本过关我们都没有太高的要求，但是我想找一个有潜力有发展前途的男生，请问老师这些男生一般都有什么特质呢？

答：

我观察了一下我身边一些事业有成或者年少有为的朋友们，简单归纳了一下三个特点。

1. 踏实肯干，坚信“空谈误国，实干兴邦”

我发现在自己的工作领域能做出来一些成绩的人，往往都比较务实。

你可以考察一下你认识的这些男孩子，身上有没有务实的精神，一个每天夸夸其谈的男生靠不住，真正埋头做事的人很少谈什么大愿景、大格局。

2. 擅长归纳总结，学习能力极强

不一定说这个人的成绩有多好，学历有多高，我所说的学习能力，是指“从过往经历学习”的能力。

同样入职一个岗位，有的人可能一干就是好几年，有的人则能平步青云升职加薪，差距来自于一个人的总结反思的能力。

做过的事情只能说是经历，能从大量的过往事例中总结提炼的人，才能说有“经验”。

不管什么行业，只要这个男生有能把经历变成经验的能力，未来的发展肯定错不了。

3. 乐于助人，兼济天下

一个人能走得很快，但是一群人能走得很远。一个男生未来的发展如何，看看和他合作的人过得怎么样就知道了，这一点很见人品。

如果他懂得与人为善，懂得和人一起发财，善于合作和整合资源，那么他将来多半能干出一番事业。

因为在和他相处的过程中，大家都有一个共识：跟着他干，错不了。

问：

老师，我女朋友已经和我冷战好几天了，我觉得她做错了，但是她现在反而还一个劲地生我气。

事情是这样的：她自己一个人想去广州玩，我由于最近公司事情多所以就没和她一起去，然后她上飞机前我告诉她到了和我说一声。结果飞机预计到达广州的时间过了三个小时后她还没消息，然后我就给她打了个电话，她说她光顾着找酒店了就把这事给忘了，我特别生气的就把她骂了一顿，结果她听了几句之后直接跟我翻脸了，说我像她爸一样，说被我管的烦死了。我明明是关心她，结果她还跟我发火？还有没有道理了？

答：

你开始和结束都说到了，你是关心她，你的生气恼火也是因为担心她。既然这个想法本来是好的，为什么我们要用愤怒的语气把它表达出来呢？为什么你宁愿和女朋友发火吵架，都不愿意说出那一句："我真的好担心你"呢？其实女朋友是知道你关心她的，不过每个人都有那么一点点的逆反心理，不愿意听到别人对我们的批评和指责。更不喜欢看到别人像一个家长一样对我们的行为指手画脚。所以下次遇到这种情况，你最好先克制住自己愤怒的情绪，先问她住宿有没有安定下来，然后再用担心的口气对她说："住下来就好，刚刚一直没接到你的电话，搞得我一直心神不宁，下次别这样了乖。"你的女朋友的态度会好很多。

第三章

转角遇到爱

Zhuanjiao Yudaoai

我曾经做过一次单身问卷调查，其中有一项是“你觉得阻碍你脱单的最大原因是什么？”

得到的反馈可谓五花八门，其中有自怨自艾的女生说：

“很不喜欢现在的生活模式，做什么都是一个人。喜欢自己的男生我看不上，也没遇见一个让自己奋不顾身的人，可能是缘分未到吧。”

也有以工作忙为由诉苦的男生是：

“老师，不是我能力不行，实在是没时间，每天早上 7 点我就要出发去上班，早餐都得在路上吃。在公司也是很辛苦的一天，工作期间也没时间用社交软件，公司还经常加班，一加就到夜里九十点。我的大学是工科学校，毕业后在是技术公司工作，男生多女生少，有那么几个好的女孩也被人捷足先登了，我也很无奈呀！”

还有人说：圈子小，身边没异性……

对大多数人来说，社交圈子并不太可能自行扩大，除了少数（例如演员、导游等）职业有先天性优势之外，大多数工作都是一个封闭的圈子，而又鉴于很多人觉得相亲这种方式太老土且毫无乐趣，那么，在学习恋爱技巧之前，就必须先去扩展自己的社交圈子，毕竟巧妇难为无米之炊。

如果说脱单是一个钓鱼的过程，那么建立好自己的心态和形象，就相当于准备好了鱼竿和诱饵；学会正确的聊天技巧和约会方式，就相当于提高自己的钓鱼技艺。但是只做到这两点是远远不够的，即便你设备再好，技术再精，在一个没有鱼的池塘里，也只能是一无所获，所以，你要找到你的鱼塘。

在进行单身调查过程中，发现大多数人都没有意识去扩大自己的交际圈。周围熟悉的异性，要么是一个班的同学，要么是同组的同事，圈子越小，越不擅长跟陌生人进行交流，从而产生社交焦虑，越不敢去扩大自己的社交圈，形成了恶性循环。

如果你有上述情况，环顾四周找不到适龄的异性，打开微信发现只有寥寥无几的联系人，那么是时候开始着力于建立你的“鱼塘”了。

3.1 建设你的“鱼塘”

3.1.1 感情中的马太效应

在人类的感情世界中，也存在类似的二八法则：20% 的优质单身男女会占据 80% 的择偶资源，然后剩下 80% 的大多数围绕着一个小圈子拼命寻找。

究其原因，可以总结为：越接触，越熟悉。

你以为恋爱达人都是先天擅长吗？当然不是，男人们接触的女性越多，聊天的次数就会越多，就越想了解女生心理的所思所想，也就越能把握什么时候该主动出击，什么时候该冷却热度，在最佳时机，点燃两个人内心的火花。

在战场上布局摆阵，讲究“知己知彼，百战不殆”，在情场上也是同理，然而联想到实际情况，简直惨不忍睹。

多少跟宏桑一样的男生，经历了高中学理科，大学学工科，毕业后在 IT/ 建筑 / 机械行业，从小到大身边的环境一直是男多女少，甚至大学期间讲话最多的异性是打饭阿姨，根本不了解同年龄女孩子的所思所想。

多少 90 后的女生，在父母严格看管和古板的婚恋观下长大，从小到大都被严格看管，不允许跟同龄的男孩子交流，导致自己恋爱经验匮乏，更别提怎么处理跟身边有暧昧情绪的男性关系。

很多人在看到这段文字的时候，会质疑自己扩展社交圈的意义，因为他们觉得：我已经有一个真命天女 / 真命天子了，我就学会如何搞定他就可以了，不再想认识其他的异性。

然而这种思维模式是错误的，扩展自己社交圈的核心意义，除了增加自己的选择外，更重要的是让自己习惯于跟异性沟通，了解他们的思维。

3.1.2　如何找到适合自己的“鱼塘”

感情中不同人的诉求不同，刚刚走进象牙塔的学生可能想找的是一个能一起玩儿的有趣伴侣，刚刚走出象牙塔的女生可能想找的是一个能给自己的人生一些建议的成熟伴侣。

不同年纪，不同状态，不同情感诉求，建造鱼塘的方式也自然不同，我把这些情感诉求拆分为三种。

需求一：择偶需求

这是看起来最普遍的需求，你按照既定的人生规划高考上大学择业，然后父母告诉你：到年纪了，该找对象了。

除了有点尴尬的相亲之外，一定还有其他的路径。

面对择偶需求，最适合你的方式是线下社交活动和婚恋网站。

线下社交活动指的是一些线下同好圈，比如电影沙龙、骑行活动、校友会、桌游 party 等。与那些目的性较强的相亲圈相比，优势在于不那么刻意，也减少了很多尴尬，你可以在一个熟悉的社交圈子里去接触更多的陌生人，如果发现你们有更多的共同爱好，在社交场合中就能找到更多的共同语言，那么就可以把这个人默默地列为潜在发展对象了。

婚恋网站指的是例如世纪佳缘、百合网、Marry U 等以明确的婚恋为目的进行交友的社区和 app，这些软件的优势是只要你对自己的优势定位准确，对自己心仪的目标定位准确，就可以减少很多无效的沟通。当然，这些软件的坏处是充斥着很多骗子，以及想要得到优质资源需要支付不菲的费用。

需求二：精神陪伴

精神陪伴又可称为恋爱需求，就是指你当下需求的核心是需要一个能够精神契合的默契伴侣。此类需求的最适合方式是线下社交活动和社区类社交软件。

线下社交活动就是线下同好圈，一般而言，拥有相同爱好的人往往三观更加契合，比如爱健身的人，都比较偏自律；喜欢旅行的人，都享受探索未知。

社区类社交软件指的是通过点对面进行沟通，而非点对点沟通的软件，比如百度贴吧、豆瓣小组、知乎等，都属于类似的社交软件。不管你的爱好是汽车、旅行、篮球、明星，你几乎都可以找到一个非常精准的垂直类社区，在这些社区里面，只要积极发表自己的观点，以及和与自己观点相似的人互动，自然容易找到契合的人。

需求三：排解寂寞

在马斯洛需求层次理论里，把人的需求分为五层，分别是生理需求、安全需求、社交需求、尊重需求和自我价值实现需求。当基本的温饱解决后（生理需求和安全需求），人的内心就会产生寂寞这种负面情绪，这种情绪通过跟人的简单交互进行排解。

一对一的社交软件比较适合处于无恋爱目的的人群，这种软件如何去分辨真伪，后续章节会有详细拆解。

3.2 社交软件该怎么用

对于很多聊天鼓不起勇气，社交圈又小，缺乏认识异性的人来说，社交软件无疑是结交异性最高效率的工具。

如何鉴别和利用社交软件，是很考验能力的问题。

这一章，我们重点来讲解社交软件的用法。

3.2.1 现阶段的社交软件

在这一节，我选取了几个经典的交友 app，并进行了详细的分析和归类。

【长期类】

世纪佳缘

世纪佳缘每天都活跃着无数适婚年龄，想要寻找结婚伴侣的男女生，如果你已经到了谈婚论嫁的年龄，这个软件可以满足你寻找另一半的需求。

而且，世纪佳缘还有着严格的准入门槛以及专属的“红娘”服务，能够最大程度上保证两个人的匹配程度。

在资料栏里，上传你成熟稳重的职业照，展现自己的经济水平和潜力股属性，会有大量的异性来向你交流和沟通。

你需要做的，仅仅是把他们转移到微信而已。

使用成本：★★★★★

约会成功指数：★★★★☆

Marry U

这款 app 的定位是年轻高端真实的婚恋交友软件，相比于覆盖面广泛的世纪佳缘，Marry U 的受众更偏向于一二线城市的人群。

如果你在一二线城市，想要寻求高质量的伴侣，那么 Marry U 是不错的选择。

和世纪佳缘一样，Marry U 也有着付费准入门槛，在一定程度上能够保证用户质量。另外有些城市会有线下的 Marry U club，用户可以直接面对面选择和自己匹配的伴侣。

使用成本：★★★★☆

约会成功指数：★★★★☆

网易花田

和 Marry U 类似，花田的目标用户也是一二线城市的白领阶层。

花田设置了绑定芝麻信用、身份证、毕业证书等功能来筛选用户，高信用的用户结交异性更加方便。

和前两者相比，花田的 app 页面更加简洁美观，使用起来简单，用户体验很好。

使用成本：★★★★☆

约会成功指数：★★★★☆

如故

如故是一款主打“三观交友”的 app，注册 app 后，系统会根据用户完成的一系列问卷来确定用户的三观，并且会根据三观匹配程度给用户推荐其他用户。

在对话之前，两个人彼此的照片不可见，随着对话的时间变长，两个人的头像才会渐渐清晰。

虽然如故没有难入门槛，可能会导致一些低素质用户进入，但是只有完成一段时间聊天后，方能查看对方头像的功能，在一定程度上拦截了低素质用户。

使用成本：★★★☆☆

约会成功指数：★★★☆☆

【短期类】

陌陌

说起陌陌，任何人都不会陌生。

在陌陌上活动，你要展示的是你青春活泼时尚的一面，而且在这种软件中，更看重你贡献的情绪价值：是否有趣，是否会聊，能否给对方情绪刺激。

使用成本：★★★☆☆

约会成功指数：★★★☆☆

探探

在探探上要想匹配到心仪的对象，你的展示面一定要过关，好的展示面在你开口说话前，就已经吸引了女生。

一般情况下，探探的容错率很低，因为那里的女生每天都会有成百上千的男生右划匹配他们，所以如果匹配的男生在刚开始就表现不好，女生会迅速失去兴趣。

使用成本：★★★☆☆

约会成功指数：★★☆☆☆

积目

一个和探探类似的 app，但是目前仅限于苹果手机端。

由于是新开发的 app，所以前期用户质量特别高，不管是男女生都颜值爆表，对自己形象自信的人可以去挑战一下。

逻辑和探探一样，依旧是对展示面有很高的要求。

使用成本：★★★☆☆

约会成功指数：★★☆☆☆

【社区类】

在社区类的交友网站上，更多表现的是我们的兴趣爱好，多展示而少互动。

所以在社区类网站里，我们不仅要表现自己的爱好和特长，更要积极地和别人交流互动。

Same

Same 是由一个个分享图片的小板块组成的，界面比较小清新，内容五花八门。

可以先从共同的城市这个模块入手，分享你拍到的一些美景以及造型好的街拍。在 Same 上有很多拍照技术高的人，所以你的图片一定要拿得出手再发表。

在 Same 上发图片要配文，推荐比较文艺的话语。

精致的照片，一定很吸引人。

使用成本：★★★★☆

约会成功指数：★★☆☆☆

豆瓣

豆瓣是文艺青年的聚集地，里面活跃着大量的文艺青年以及有趣的人，所以想玩好豆瓣，肚子里没点墨水是不行的。

豆瓣最容易找到另一半的途径有两个：豆瓣小组和豆瓣同城。

豆瓣小组类似于贴吧，平时可以多在里面分享个人生活以及兴趣爱好，吸引同好者交流讨论；而豆瓣同城里经常有很多线下活动可以报名参与，面对面的交流是结识异性最高效的。

使用成本：★★★☆☆

约会成功指数：★★★☆☆

知乎

在知乎上，人们通过回答问题来吸引别人的注意，如果你想获得可以交往的异性，那么建议在生活类的话题上多分享个人经历以及生活中的趣事。

当你的回答被越来越多的人点赞时，你的曝光程度自然会提升，会有很多人在你答案的评论区下交流讨论，甚至会有很多人主动要加你微信。

使用成本：★★★☆☆

约会成功指数：★★☆☆☆

3.2.2　个人资料的设置

个人资料是我们给人的第一印象，需要我们在设置时多花点心思。

有的人颜值过关，但就是资料没有认真填写，反而让人草草的扫一眼就失去了兴趣。

这一节我们来拆分一下个人资料需要注意的点。

1. 头像

头像关乎着我们给人留下的第一印象，所以头像一般选择我们最好看的一张照片。

社交软件上的头像不建议使用自拍，因为自拍的角度有时会掌控不好；也不建议使用风景照和卡通头像，毕竟大家是来交友的，头像不放自己照片，会让人觉得你一定相貌抱歉所以不愿意露脸。

正确的头像，最好是摄影师或者会拍照的朋友给你拍的生活照，职业照太过正式让人感觉不易接近。

2. 昵称

昵称的设置一般都不会出太大的问题，我的建议是简洁就好，不要放太多表情符号在昵称里，显得太过非主流。

常见的昵称一般是自己的英文名，自己的别名，或者是喜欢的歌名和书名就好。

如果你不是港澳台地区的同胞，也最好别使用繁体字，感觉很像非主流的火星文。

3. 个性签名

对于个性签名的设置，没有过多需要强调的地方，我们只需要按照自己的喜好填写就好。

不过在这里插一句，社交软件上，如果有的女生的个性签名直接说“不常上线，欢迎加微信 ×××”，你要小心一点，因为很少有女生这么主动向所有人暴露自己的私人联系方式。

3.2.3 社交软件的展示面建设

一个好的展示面，能够迅速吸引对方，激发对方和你聊天的兴趣。

我们很多人过去一直有一个误区，觉得头像和相册仅仅是告诉对方我们的长相，因此很多人的展示面仅仅是几张自拍和全身照，这要是想吸引异性是远远不够的。展示面能做的，不仅仅局限于此。

● 展示面放什么照片

以下这几种照片，是最容易吸引异性的：

1. 和朋友一起聚会玩耍的照片

这是社交价值的认可，说明你的朋友很多，在朋友圈当中的人缘好，我们都喜欢人际关系广泛，朋友多的人。

而且，如果你在和朋友的合照中处在中间位置，很容易给人留下你是领袖的感觉，男生在上传照片时尽量上传一些凸显自己群体中的领导者、老大哥角色的照片，会很给自己加分。

2. 和高价值异性的合照

这种合照，专业名词叫“预选”，表示在你身边的异性都是高价值的人士。

人在判断另一个人的价值时，不仅会看这个人本身怎么样，还会去考察这个人身边的人是什么样。

3. 展示兴趣爱好的照片

可以是你下厨的照片，也可以是你骑行的照片，或者是你的泳装照，你的健身照。

这些照片清晰传递了以下信息：①你有一个固定的兴趣爱好；②你的业余生活十分丰富。

相同的兴趣爱好，会成为聊天破冰的神器。

4. 和小动物、小朋友一起玩耍的合照

这种照片的目的是展示我们的爱心，表达我们平易近人。

不管是男人女人，和小动物小朋友玩耍的合照都会显得我们善良、温柔，这是很吸引人的特质。

5. 旅游的照片

拒绝简单的风景照，拒绝背景乱糟糟的游客照，这些照片并不能吸

引别人。

旅游的照片比较难拍，所以建议找旅游景点靠谱的摄影师为你选取角度和姿势，再加上一些后期处理。

好的旅游照不仅展示了你曾经去过哪里，还能凸显出你的品味。

6.工作照

其实工作照比较好解决，我们只需要一张干净整洁的办公桌，一身干净利落的工装，一副全神贯注的姿势即可。

工作照的目的是为了展示我们的工作状态以及上进心，最好是个人照，别选几十人单位团建的大合照。

【成功的展示面案例】

● 社交软件的动态怎么发

陌陌和花田有动态，探探有朋友圈……任何社交软件都有专门用于发布动态的地方，利用好这些动态，能为我们给别人留下的印象加分。

发布动态要注意以下几点：

① 目的要纯洁。“× × × 附近，有约的么”这种话让人看到只会觉得你寂寞空虚，应该巧妙地发一张图标注一下地点，对你感兴趣的人自然会来找你的。

② 配文很重要。配文需要展示你积极向上的生活状态，不要在社交平台宣泄过多的负能量。建议平时多在知乎看一看都有哪些特别精彩的句子，能够为你在配文中提供不少灵感。

③ 动态在质不在量。你其实不需要把社交软件当成朋友圈来发，有好的照片偶尔发上去就好。如果你的社交软件的动态更新过于频繁，反而会让人觉得你整天不干正事。

④发布动态时，顺便可以插入一些对三观的表达。虽然我们一直强调社交软件的动态要多图片少文字，但是适当地插入一些择偶观念类的表达，也很容易让人了解你的态度和看法。比如“如故”这个 app 就有很多话题讨论，参加这些讨论，不仅让人了解你的观念，你也更容易遇到三观相符的人。

【成功的动态案例】

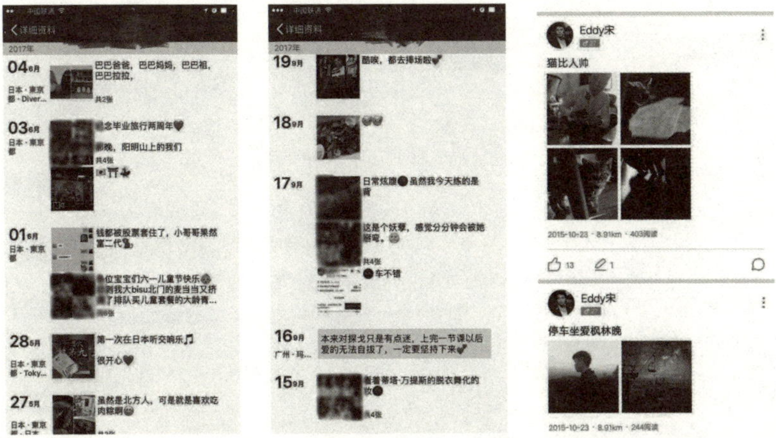

3.2.4　社交软件的开场白

怎么通过动态转私聊呢?

像上一节讲的，我们通过发布动态，吸引别人的关注，这是第一步。

第二步是需要我们看谁给我们点了赞，然后私聊 ta。

这时候的开场很简单：“嗨，刚刚看到你给我的动态点了个赞，你也喜欢 ××× 吗？”

共同话题的开场白，永远不会过时。

● 长期类的 app 怎么开场

对于长期类的 app，大家都是抱着比较认真的态度去相处的，所以我们的开场就要更加有诚意一点。

① 共同话题开场：你好，看到你资料里写着 ×××，你也喜欢做 ××× 吗?

② 迅速切入场景：正好，我正在做 ×××，然后给女生发一两张符合她爱好的图片。

不需要多说，我们静候佳音就好。

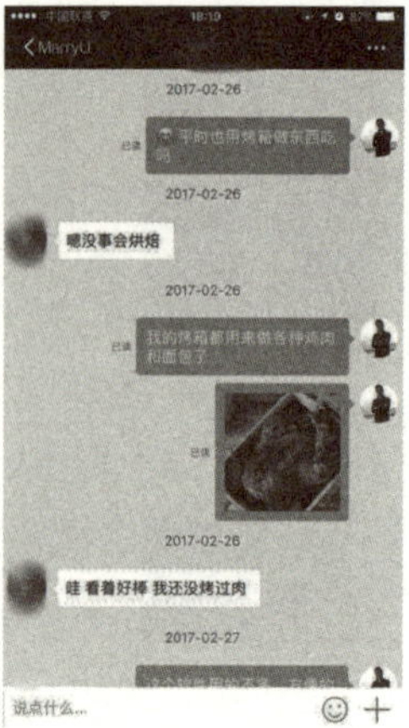

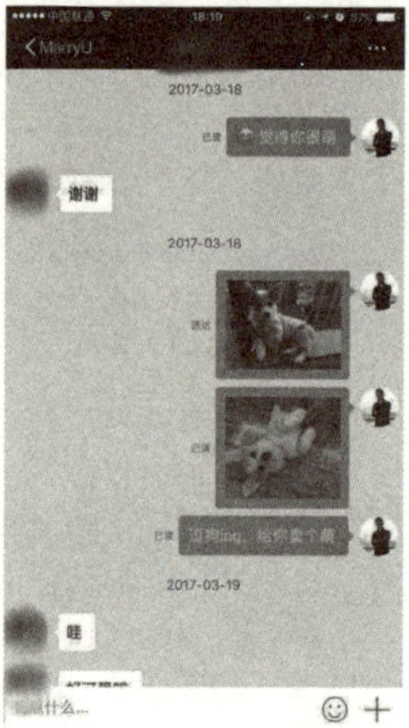

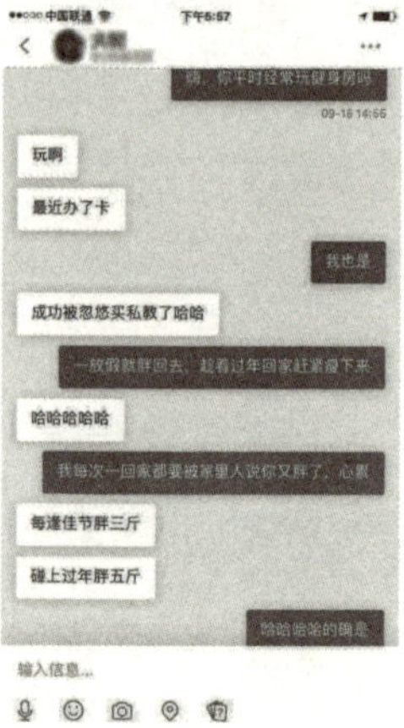

● 加完微信后怎么做

我并不是很推荐加完微信后就立刻展开聊天，最好是在通过好友验证后，留下五分钟的空档。

因为我们添加完好友后，都会习惯性地看一下对方的朋友圈。这五分钟，就是留给彼此互看朋友圈，了解对方的。

朋友圈作为一个比较私密的空间，往往会告诉我们更多的、对方没有发布在社交软件上的信息。经过短暂的朋友圈展示，很容易收集到以下话题，然后再开始我们的聊天。

对方的职业、工作状态；

对方近期的生活状态、心情；

对方的家庭状况、社会关系；

对方的兴趣爱好以及近期是否有放松的安排。

3.3　社交场合

在互联网时代，社交软件给了我们极大的便利，可以足不出户，就收集到有效的异性资源。

如果你的目标是谈恋爱走向婚姻殿堂，那么在自己的社交圈子里去寻觅，无疑是成功率更高的方式。在同学、职场、朋友圈中认识异性，又或者说父母亲戚介绍（我们俗称的“相亲”），都属于在社交场合中获取资源。

相比在网络上的自由度，社交场合的发挥更考究一个人的情商，不同的社交场合需要不同的社交方式，基本上可以分为两类：熟人圈和同好圈。

3.3.1 熟人圈

所谓的熟人圈，指的就是你的主要社交场景。如果你是个学生，那么这个场景就是你的学校，你的同专业同学，你的班级；如果你已经参加工作，那么这个场景就是你的公司，你的部门。

在这个熟人圈里，或许会有一个你心仪的姑娘和小伙子，你们每天都有相处的机会，如果想要获取对方的喜欢，那么需要在社交场合中获取一定的认可。

熟人圈最重要的就是社交认证，也就是俗称的“口碑”，因为你们处于一个圈子中，会有很多共同好友，大家对你的评价也时刻影响着你的心上人对你的看法。很多男人追求女生的时候，就是忽视了口碑的重要性，只是对女生殷勤有加，但是对熟人圈的其他人却是另一副冷漠的面孔，这样一来，女生也未必会给你一个正面的评价。

3.3.2 同好圈

所谓同好圈，指的是熟人圈之外自己营造的社交圈，一般而言是一群人因为共同爱好而聚集在一起，比如电影沙龙、登山俱乐部、桌游群等。

如果你的生活中没有这样一个圈子，多半说明你的生活是单调的，可能是因为你忙于工作，也可能是因为你比较宅怯于社交，但不管怎么样，只有一个单一的熟人圈，不仅会影响你的脱单进度，还会让你的生活单调乏味，作为一个伴侣的价值也会降低。

想要更好地融入一个陌生的同好圈，需要做好如下两点：

同好圈策略 1：找到社交节点

在大学时候，我经常在周末去跟一群小伙伴 K 歌，为此我们还建立了一个 K 歌群。

在群里有个羞涩的男生叫小凯，他偷偷喜欢着也在群里的女生小颖。但是在这个同好圈中，小凯一直没有什么存在感，因为只有小颖参加活动的时候，他才会跟着去，虽然入群已经有半年多，参加的活动也有大大小小十几次，但是大多数人对小凯都没什么印象，当然，最后小颖也选择了别人。

小凯犯的错误就是他只把同好圈当作能接触心仪女生的机会，但是无法真正建立起社交关系，导致小颖对他的评价也不高。很多人在同好圈的表现也跟小凯类似，只去接近自己喜欢的人，而对整个社交场合，保持着排斥或者害羞的态度。

解决这个问题最好的方法就是找到一个社交节点，要么是活动的组织者，要么是经常参加活动的看起来比较友善的人，通过跟他们的攀谈去尽快熟悉这个社交圈子的属性和活动模式，然后通过社交节点向外延伸，从而跟更多的人熟悉起来，成为在一个同好圈中有影响力的人。

毕竟，大多数人还是喜欢有社交魅力的异性。

同好圈策略 2：展示独特经历，非典型的经历

社交的本质是互相提供价值，不管是物质上的还是精神上的。

同好圈内，大家因为一个共同的爱好聚集在一起，目的是为了更好地交流互动。如果你要快速获取大家的认可，除非你在这个兴趣爱好内

是佼佼者，比如在器乐社，你会的乐器种类最多，技巧最娴熟。但这种情况毕竟是少数。如果没有绝对超然的实力，那么保持观察和低调是更明智的选择，因为每当你拿着半瓶水的技能去忙于展示自己时，大家对你的好感也相应降低了一分。

最保险的方法是去展示一些自己的独特技能 or 独特经历。

让我记忆犹新的一次，是在百度的一次驴友群聚会里面，当时在座的可谓人才济济，有资深经理，也有运营经理，但是一个刚入职不久的小姑娘小 K 却成了社交场合的主角，她只用了一个话题：星座。

因为参与者大多数是第一次见面，初次相识，其实都是三三两两闲聊的状态，但是随着时间流逝，小 K 慢慢合并了大家的注意力，其他人都安静下来，听她一个人讲。

小 K 聊的话题其实并不高深，但是却很深入，不仅分析了每个人的星座性格，还穿插了各种有趣的小故事，比如天蝎座的比尔•盖茨和双鱼座的乔布斯做事风格为什么迥然不同等。

虽然在座的有各种大咖，但是对星座研究颇深的小 K 成功地 hold 住了全场，就是因为这种独特的技能，满足了大家的好奇心，星座话题之所以让别人愿意聆听，因为它本质上讲述的是如何了解自己，如何了解人与人之间的关系。

通过这一次的表现，小 K 迅速在这个圈子积累了人际关系，也得到了认可，从而帮助她后续更好的延伸社交圈。

3.4 聊天

对于男人，在生活中，你喜欢的姑娘可能就是隔壁院的女同学，也可能就是隔壁组的女同事。你们可能天天都能遇见，但是没有创造结识的理由，那么，可以直接跟她表达你想认识她。

对于女人来讲，可能你也遇到过这样的场景，衣着靓丽地走在大街上，一位男生突然出现在你面前，红着脸问你，能不能加个微信，你有些惶恐的同时，也不自觉地有点小惊喜。

当然，如果傻呼呼地直接上去跟姑娘说来加个微信吧，姑娘很可能以为你是做微商的，所以如果想要找到心仪的姑娘，请注意以下细节。

3.4.1　心态 & 语气自然

聊天的时候，技巧是次要的，最重要的是勇气，或者说要有坦然的心态。

最怕那种“想聊又不敢聊”的状态，既想去认识陌生的漂亮姑娘，又害怕被拒绝而导致尴尬，所以畏首畏尾。

然而往往是这种忐忑和害怕失败的想法，会导致一个男人流露出不自信的状态，当这种不自信展现在女人面前的时候，女人多半不会给你一个好的评价。

人们在在乎的人面前，往往表现会比正常情况要差。很多宅男在正常恋爱生活中亦如是，本来自己是一个挺开朗讨人喜欢的少年，结果在喜欢的女生面前变得纠结犹豫，想通过表现讨对方欢心，结果表现极其不自然，反而丧失了吸引力。

所以，聊天首要战胜的是心理关：暗示自己“我只是去打个招呼交个朋友而已，没有什么非分之想。”

3.4.2　先请求对方给你表达空间

尽量不要从背后冲上去拍打女孩子的肩膀，这样子会让别人认定你是一个“侵入者”，倾向于逃开不给你表达空间。

从女孩子侧面方向走过，然后先礼貌地说一句“你好，可以先停一下吗？”

如果女孩子停下脚步打量你，那么你有 1 分钟表达时间；如果女孩子快步向前，不好意思你这次失败了，回去检讨一下自己的形象，不要像个痴汉一样跟着女孩子走。

3.4.3 说感受，别说目的

简要分析下男女思维：

男生的思维是“解决问题，达到目标；”

女生的思维是“注重感受，活在当下。”

所以女生特别反感一上来就直奔目标的男生：

“你好，我觉得你很漂亮，我想认识你；”

“你好，可以把你电话 / 微信给我吗；”

然而这种交流方式不太礼貌，因为你对于女生而言是完全陌生的，她对你没有一点认知度，除非你长得的确是一表人才，否则这种聊天方式被拒绝的概率很高。

下面举个例子，表达自己的来意，比如你是在对方的学校跟她聊天：

“你好，我叫 ××，来你们学校参加一个辩论赛”。（表达自己身份，降低对方不安全感）。

“我看你刚才从这边走过去，觉得如果不跟你打个招呼认识下，晚上一定会后悔的。”（表达自己想认识对方的感受，而不是表达目的。）

或者也可以用这样的话：

“我看你刚从这边走过去，觉得你今天的裙子超级漂亮，所以脑子一热就过来跟你打招呼了。”

闲聊几句，建立熟悉感，再索要联系方式，成功率更高。

3.4.4　最佳聊天时机

下雨天，或许你心仪的女生就因为不看天气预报而忘记带伞，而这时候就是你出击的最佳时机。

因为你跟女生共用一把伞，所以你们的距离也自然拉近，这时候要个微信自然不成问题。

3.4.5　最佳聊天地点

热闹的场合，比如商场、步行街；

或者对方的主场，比如她的学校，她住的小区；

原因很简单：女生在这些地方会觉得安全，更加不容易排斥跟陌生人的交流。

如果你在地铁这种焦虑地点，会让人有点没有安全感，被拒绝也就是情理之中的事儿了。

3.4.6　最佳聊天伴侣

宠物，尤其是猫和狗，最好是颜值又高又比较可爱的那种，哈士奇慎考虑。

女孩子天然喜欢萌物，遇到可爱的宠物会很容易把警戒心降低。如果你的狗毛色鲜亮，也比较懂事的话，女生肯定愿意停下来逗逗你的狗，这样就可以创造聊天机会了。

3.4.7 如果女生身边有闺密怎么办

尽量不要在人太多的社交场合与陌生女生聊天，因为女孩子都有矜持的特性。

比如说女生在与多个同事们一起午餐，你贸然闯入索要联系方式，即便她对你有好感，她也很可能为保持在大家眼里的矜持形象而拒绝你。

如果女孩子跟她闺密（2～3）人在一起，也需要一定的技巧性。

最好是先征求闺密同意，而不是跨过闺密直接跟女孩子沟通，这样会让她身边的人觉得没有被尊重，对你的评价也不会高。比如：

"你好，我对你闺密印象很好，可以跟她说几句话么？"

这种技巧叫"共谋"，这样你不会无视她闺密的感受，更容易得到闺密的支持，否则你跟姑娘聊得再开心，闺密说一句"你们聊我先走了"，女孩子就会觉得很尴尬。

情感答疑

问：

老师您好，最近在追一个女生，第一次一起出来玩的时候，她说怕冷场，就带了她的闺密出来。但实际上好像气氛更尴尬了，我不知道怎么处理和她闺密的关系，吃饭时大家也都是在低头玩手机，我想说些什么，但总是感觉有个人在旁边怪怪的。请问老师，您怎么处理约会时女孩子带闺密的情况呢?

答：

其实第一次约会女孩子因为有点怕生，带上一个闺密帮着暖场和鉴定男生是很正常的，这件事咱们应该理解。对于闺密，记住一个原则：热情而不越界。对她的态度怎么操作呢？这里介绍一个场景：你把她闺密，当成你第一次相亲见的对象。礼貌地寒暄问候，介绍自己，简单聊一下工作，就够了。在吃饭点餐时顺便问一下她闺密的口味，在和你的女生聊天时也别忘了照顾一下人家的看法。给闺密留下一个你很热情但是有分寸的绅士形象，女孩子的闺密，会成为你最强有力的僚机。

问：

老师您好，我是一名大学生，想追我们班的一个特别漂亮的女生，我们平时关系也特别好，聊天什么的也可以聊到很晚。几天前，我们还一起出去短途旅游过，白天去晚上回来的那种，我觉得她对我应该有意思，所以我就直接表白了。但是她突然变得特别犹豫，说没做好准备，说要再等等，看看两个人是否合适。我觉得她可能觉得我对她还不够好，然后就经常给她买礼物，请吃饭，表达我的真心。但是最近她对我联系越来越少，回复我的态度也渐渐冷淡了，这是为什么呢？

答：

她和你接近，和你聊得很开心，并不代表她一定特别喜欢你，一定要和你在一起，她也许此时只是闲着无聊找个人排解消遣一下情绪。这种女生有一个显著的特点：你一旦试图升级关系，她就会立刻躲闪。一般这种女生我都建议学员们敬而远之，但是如果真的喜欢她，也不是没有办法：

① 保持自己的态度，不刻意迎合她，不去放低姿态讨好她。

② 提升自己的价值，暗示她：没了你我照样过得很好，你爱来不来，不来有的是女孩子喜欢我。

③ 奖惩分明，她对你态度好了有奖励，对你态度不好你就冷落她切断联系。

第四章

聊天技巧

Liaotian Jiqiao

聊天，好像是一件特别简单的事儿，因为我们每天都在说话，每天都在重复练习这一基本技能。

但是，它好像又是一件特别困难的事儿，因为每次我们打开心仪对象的聊天对话框，都不知道该说些什么，又或者每次约会的时候，好不容易抓住了跟 ta 单独相处的机会，却又因为不善言辞搞砸了一次次单独交流的机会。

从 2014 年起，我开始从事情感教育的工作，大部分人在恋爱中遇到的最典型的问题，就是不会聊天。比如下面的情况：

“我应该跟 ta 聊些什么才不冷场？

我应该多久找 ta 聊一次？

为什么我觉得聊得很不错，好像两个人的关系还是很平淡呢？”

这一切的答案，都在如何有技巧的聊天当中。

4.1 为什么对方总是对你无话可说

4.1.1 营造安全，良好的聊天氛围

不管是一对一的沟通，还是一对多的社交场合当中，你总会发现有这样一个人：只要他在，大家的互动热情度就很低；每当他说完一句话，就会迅速冷场，导致气氛尴尬。

什么叫好的聊天氛围？那就是你说的时候，对方认真听，对方说的时候，也乐于去主动表达。换言之，双方都能够充分表达自己的观点。

相声就是把聊天变成了一种在舞台上的艺术，很多人喜欢听相声，我个人很喜欢郭德纲，但是他的作品之所以脍炙人口，跟他有一个好的

“捧哏”搭档——于谦是密不可分的。

营造良好的聊天氛围，就应该像于老师那样，看似每次说得不多，但是总能恰到好处的点那么一两句，让说话的人聊得更有兴致，而且还能去引导对方把真正想表达的观点充分表达出来。在行话中，这叫“递肩膀头”，让对方把想要说的，继续表达下去。

在日常聊天环境中，想要做好一个“捧哏”，也需要进行十足的修炼。人们把会不会说话跟情商高低直接联系起来，是不无道理的，因为情商低的人，往往不怎么会接话。

比如，姑娘在分享一个话题，说她今天穿的这件衣服是昨天刚刚买的，你赶紧忙不迭接一句“对对，我昨天在淘宝上也看见了，15 块一件”。这不叫接话，这叫讨人嫌。

又或者说，你的男神在聊他喜欢的球星，说梅西的盘带和视野是世界级的，你这边跟一句“可是梅西太矮了，形象不好，还是 C 罗帅气”，那么迎接你的恐怕也是鄙夷的眼光。

接话的首要注意事项，就是学会做顺水人情，而不是要做一个耿直的拆局者。切记，你们是在闲聊，目的就是为了放松，而不是在开会讨论下一年的重要大事，或者在辩论某个人生真理。我并不想去推崇厚黑学，但是得学着不讨人嫌，姑娘新买了一件衣服你就夸夸好看，小伙儿说梅西踢球好看你就迎合两句，这时候别太较真。

接话的另一个注意事项，是得提前备足功课，言之有物的聊天才是聊天，否则只能是尴尬的一味迎合。假如姑娘在聊她喜欢的作者是东野圭吾，你一边听她聊上个月刚看完的那本《嫌疑人 X 的献身》，一边也发表下对他的年度最佳作品《白夜行》结局的感慨，双方在这个过程当中找到共鸣，才能关系逐渐亲密。如果你直接接一句：东野圭吾都演过什么电视剧？就成了贻笑大方。

同样的，小伙儿说昨天看 NBA，詹姆斯打得真好。你直接来一句：“詹姆斯打球跟个推土机似的”，这天就没办法聊下去了。你得了解詹姆斯目前所在的是哪个队伍，他有什么技术特点，这样才能聊下去。

4.1.2 不要“查户口”式的聊天

我们来看一下聊天中查户口的经典案例。

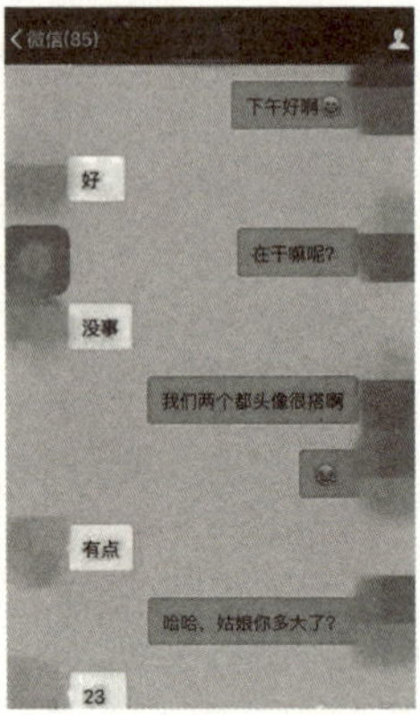

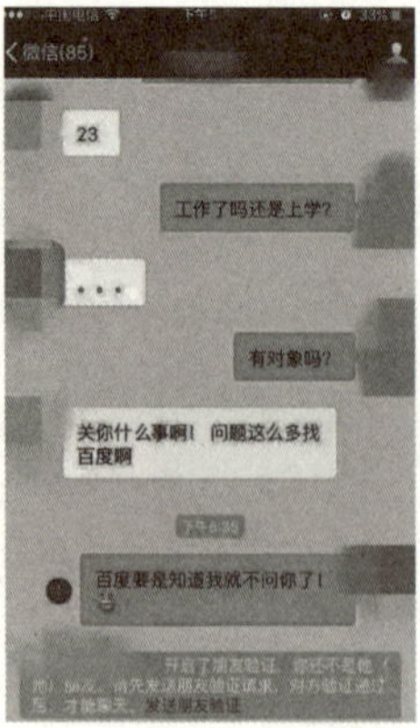

这种聊天模式让对方迅速把自己拉黑，因为这种沟通模式，是非常不正确的，想要跟对方聊天，却不知道聊什么，只能通过问问题去强行建立联系。

比查户口更加严重的是“连续提问”，就好像猎人碰见了猎物，试图用一切方法来收集信息，然后通过投其所好的方式完成这次捕猎。

连续提问会透支着对方的耐心和这次聊天的气氛，因为询问本身是一种索取行为，很难建立舒适感。

除了上述截图外，还有很多类似的例子，比如下面这样的对话：

问：你现在还在读书吗？

答：是的呀，读大三。

问：那你读什么专业？

答：国际经济贸易。

问：没听过，主要都学点啥？

答：……

其实使用提问的方式去开始一段聊天并没有问题，但需要注意的是，在去提问对方的时候，自己也要试图去延伸这个话题，并且去分享自己，这样才能营造一个比较舒适的聊天氛围。

比如上面这段对话完全可以这样来说。

问：你现在还在读书吗？

答：是的呀，读大三。

问：哈，那我还算是你学长，我去年刚刚从学校毕业，整个大三全用来考研了。

问：你读什么专业？

答：国际经济贸易。

问：羡慕你们专业的男女比例，感觉组织什么活动都方便，不像我们计算机专业，男女比例太夸张了。

同样是用提问的方式来开启一段话题，后者明显效果更好，通过分享自己把话题延伸，让对方也可以去衔接。

4.1.3 不会“讲故事”的聊天

每个人都喜欢听故事，如果讲故事的人节奏把握得很好，你会发现在任何一个社交场合当中，大家都会屏气凝神，专注地望着讲故事的人，期待他接下来讲的情节。

聊天有两个重点：其一是让对方觉得跟你在一起的时候，能够愉悦地把观点表达出来；其二是当你表达的时候，对方愿意认真聆听，你想表达的观点能够顺利传递给对方。

讲故事能起到表达更有效这一作用，因为相比枯燥地表达自己的状态，一个具体而生动的场景，显然更能让人感同身受。

比如小明同学跟他的女神在聊天，他很希望把自己勇敢正直的一面表达出来。

如果他说“我这个人平时很勇敢的，还曾经有过见义勇为的行为。”

不好意思，这种表达非但不能彰显自己的优势，还会给人一种刻意抬高自己的感觉。

但是如果他试图通过一个故事来表述，那效果将完全不同。

“去年冬天的时候，我在地铁上遇到了一件事，至今心有余悸。在我右手边站着一位姑娘，跟很多人一样，盯着手机看，对外界发生的事儿毫无察觉。突然有个留着寸头，看上去只有十八九岁的年轻人蹭到了我们中间，把手偷偷地伸进了女孩子的背包……”

接下来，你只需要讲述完这段见义勇为的故事，自然可以在姑娘内心留下深刻的印象。

当然，讲故事需要一定的技巧。

首先，是直接开场。在讲故事的时候不要铺垫太多，直接用时间和地点开场，比如“去年冬天，在地铁”，迅速把故事带向主题。

其次，注意对细节的描述“突然有个留着寸头，看上去只有十八九岁的年轻人蹭到了我们中间”，通过语言把整个故事的场景形象地展示给听故事的人。描述的时候细节越多，越能把人吸引到故事里，包括你当时的心情，遇见的人的细节等。

最后，不要自己去总结这个故事，不管他展现了你的勇敢也好，或是你的善良也好，不要自己说出来。讲故事就好像往平静的湖水里投入了一颗石子，你的故事激发起了别人内心的涟漪，通过对方对这个故事的评价，也能侧面验证出，你们双方是不是三观契合的人。

4.1.4 “情感过度”式的聊天

情感过度是很多人在主动追求对方的时候，容易犯的错误。简言之，就是你们交流相处的时候距离感拿捏不当，超出了你们现有的情感关系，让对方觉得疲惫或者厌烦。

比如某些男生，明明还是朋友阶段，就每天早安午安晚安地说个不停。不管是天气冷了还是下雨了，一天三遍地嘘寒问暖。又或者是不停地表露对对方的好感，才认识没几天就发信息说“我刚才又想你了”。其实，这一点儿都不浪漫，还会让对方觉得你很莫名其妙。

比如某些女孩子，遇到心仪的男生就开始展现出了旺盛的表达欲，每天絮絮叨叨自己早上吃什么，下午做什么，晚上看什么，事无巨细地都跟对方分享一遍。这里要注意的是：不是不可以分享自己，而是要在分享的时候，观察对方的反馈。

对方如果表达出对你表达的兴趣，那么就继续深入。

如果对方的反应较为平淡，那么适当抽离自己，不要做一个贸然闯入的客人。

4.2 聊天的三个法则

4.2.1 策略 1：相关性要高

真正有效的沟通，指的是你的话题能够引起对方的足够兴趣，从而给出好的反应和回馈。

如何引发好的回馈，需要先引入一个概念。

海马状凸起——大脑的信息过滤器，像一个私人秘书，决定了什么信息应该提交给大脑处理。

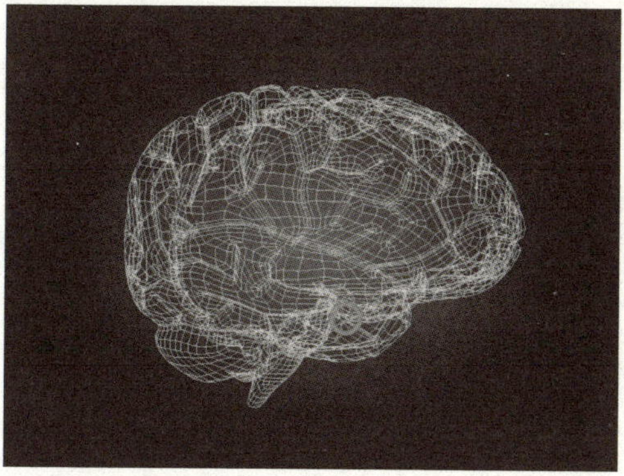

如果你想跟心仪的女生达成“有效沟通”，就必须先经过海马状凸起的过滤。

什么样的信息可以引起女生足够的兴趣呢？

① 相关性高；

② 反差值高。

相关性和反差值越高的，越能激起对方兴趣，反之就会越无趣。

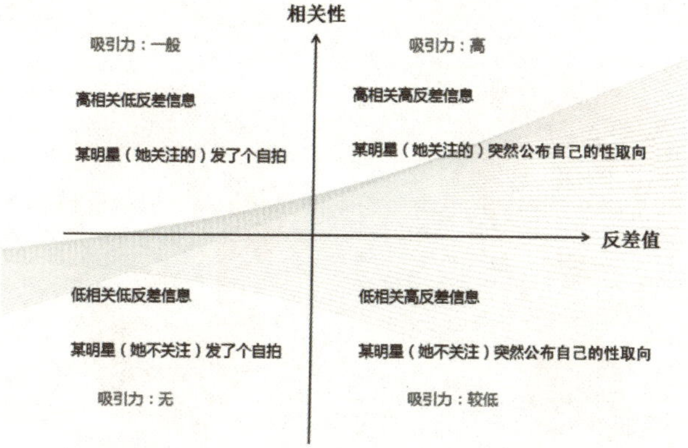

所以，我们尽可能选择与女生相关性高的话题去聊，总结下来不外乎以下几种：

1. 兴趣爱好（私人）

这类信息可以从对方的朋友圈或者博客得知，比如她喜欢的乐队、作家，她平时的一些其他爱好，比如弹琴、绘画、骑马等。

2. 兴趣爱好（通用）

选择通用的话题去聊，基本上也不会得到负面反馈。通用话题包含：美食（好吃的），旅行（好玩儿的），星座（八卦属性），宠物（爱心展示），热门电影电视剧（多数女生的娱乐方式），社会热点（多数男生喜欢的话题）。

3. 满足情感诉求

自己或者身边朋友的情感经历，类似女生对情感类的话题总是很有关注力和表达欲。

禁忌：不要聊自己关心但异性不了解的话题。

男生很多时候喜欢通过聊自己擅长的话题，来凸显自己的“博闻强识”，比如：自己的工作、军事、政治、经济、游戏等。

同理，女生也不要主动去跟男生展开关于化妆品及衣服搭配的话题。

当然具体情况具体分析，如果你喜欢的女生特别喜欢研究军事话题，那么就可以把其当作相关度高的话题去畅聊了。

4.2.2　策略 2：话题引申

很多男生有这样一个体验：选择的话题没错，而且女生也愿意去聊天，但是总是聊两句，就没下文了，这是什么原因呢？

这种情况，大多数是因为男生相对喜欢“上推话题”，女生相对喜欢“下切话题”。

何谓“上推”，泛指对话题进行总结，给出结论或者解决方案。

何谓“下切”，泛指对话题进行引申，细化或者给出情绪共鸣。

举一个简单的例子：

一个女孩子跟他闺密分享她昨天的经历“我昨天去西单逛街了，看到一款裙子很好看，是 ×× 款的”。

闺密的反应一般是：

情绪共鸣：“是的，我也觉得 ×× 款的裙子很适合你，尤其是搭配你现在的这个发型，很有气质。”

引申话题："我上周也去逛街了，只不过去的东单，还跟男朋友一起看了一场电影，觉得超赞。"

但是，如果这个女生把同样的话说给男朋友听，你猜会是什么结果?

女生："我昨天去西单逛街了，看到一款裙子很好看，是××款的。"

男朋友："喜欢吗？喜欢就买了它。"

从上面的例子中，不难发现女生与闺密这种聊天会持续，是因为闺密把女生的话当作了情绪分享，去找到句子中的关键词进行下切。

"是的，我也觉得××款的裙子很适合你，尤其是搭配你现在的这个发型，很有气质。"根据"裙子好看"进行话题切入。

"我昨天去西单逛街了，看到一款裙子很好看，是××款的"。根据"西单逛街"进行话题切入。

而男朋友把女生的这句话当成了一个问题去解决，所以在他心里他只要给出解决方案就好了，这段话的解决方案就是"喜欢就买了它！"

（当然，如果女生提到了这款裙子好看，男生偷偷买下来送给她，那肯定是加分的。）

再举个简单例子：

女生说："明天我要跟小红一起去上海玩儿。"

下切的方式是：

关键词"小红"，"哈，你跟小红关系真好，上次那组闺密照是不是就是你们一起拍的？"

关键词"上海"，"听说上海的小笼包特别好吃，你打算去哪些地方玩儿？"

而终结话题的上推聊天方式是：

"注意安全，玩得开心点。"

4.2.3 策略 3：虚假陈述（false statement）

有些时候，你的确想知道对方的某些信息，比如她是哪儿人，从事什么工作，如果不能直接问的话，该怎么知道呢？

答案就是：虚假陈述。所谓虚假陈述，就是提出一个假定前提，给对方预留出表达的空间。

比如，你想知道女生是做什么工作的，切记不要直接问“你在哪家公司上班”。

你可以说“看你朋友圈照片特别赞，是在时尚行业工作吗，听说这个行业压力挺大的”。

如果猜对了，正好给对方接下去表达的空间“是的呀，你还真说对了，我的那个领导，简直就是个女魔头……”。

如果猜错了，也没关系。你可以说：“哈哈，不是啦，只是平时喜欢玩儿摄影而已”。

接下来，你们就可以讨论摄影话题了，毕竟在这个过程中你夸赞了女生，她在接下来跟你沟通的过程过心情会更好一些。

4.3 聊天不冷场，用这些话题

聊天问题不只存在于异性之间，也存在于同性朋友之间。其实很多粉丝咨询情感问题的时候，绝大多数都是围绕着“跟喜欢的人聊天总冷场，应该怎么办？”

如果要回答这个问题，可以从另一个问题开始——人与人之间的沟通话题一共有哪几类呢？

日常的话题虽然千差万别，但常见的大致可以分为这几类：社会现象类、兴趣爱好类、关系情感类、生活琐事类。

社会现象类是指讨论某个新闻、某个社会事件，表达彼此的看法，比如手机爆炸事件等；

兴趣爱好类是指讨论彼此的爱好，比如讨论共同玩的游戏，喜欢的书，甚至是喜欢的明星；

关系情感类是指讨论星座，与人相处，对爱情、亲情的看法等；

生活琐事类是指常见的八卦，比如说隔壁班小红跟小明谈恋爱了，校门口的臭豆腐涨价了等。

其实一般人平时聊的大部分话题，都可以囊括在这四个类别之中。

聊天的初始目的是破冰，两个人从陌生到熟悉的阶段，这个阶段通过聊一些共同的兴趣爱好会让双方快速获取共鸣。但是如果彼此的兴趣爱好不同，也容易陷入尬聊，比如男人很兴奋地跟女人聊 NBA、詹姆斯、科比；女人很兴奋地跟男人聊韩剧、当红小鲜肉，都容易起到反效果。在开始一段沟通之前，不妨多去了解一些对方的爱好，做到有的放矢。

聊天的第二阶段，两个人需要提升亲密感，从熟悉到亲密阶段，这个时候聊一些情感关系类的话题较为合适。你可以通过星座延伸到这个话题，也可以通过热门电影、电视剧，跳转到聊自己的感情观。

当我们和比较没话说的人相处的时候应该聊哪些话题呢？这需要根据不同的场景做具体判断。比如一个男生遇到一个不是很熟的女生，用兴趣爱好类话题打开，用关系情感类的话题来延伸话题，就是比较好的选择。尤其是关系情感类，因为大多数女生不太反感这个类型的话题。

同理，一个女生碰见一个喜欢的男孩子，也可以用兴趣爱好类或者社会现象类开场。如果用关系情感类的话题开场，男生可能就不太喜欢，相比女人的情感细腻，男人们更喜欢通过对热门事件的评论，来缓解日常生活中的压力。跟男性沟通的要点就是给对方留足展示的空间，然后在聊天的过程中慢慢过渡到共同的兴趣爱好，最后花更多的时间彼此磨合，这样关系就会慢慢变好。

以此类推，和不同的人应该聊些什么话题呢？

男性长辈 / 同辈不太熟悉：可以尝试聊社会现象类话题，迅速找到共同关注点；

男性 / 女性同辈比较熟悉：主要聊的是兴趣爱好类话题，比如 NBA，LOL，炉石传说；

女性长辈比较熟悉：聊生活琐事类较好。

女性同辈不熟悉：前面已经说了，可以通过兴趣爱好类话题建立熟悉感，然后再聊关系情感类话题。

其实还有一类话题是需要双方有一定的亲密度才更好去沟通的，这些就是隐私类话题。比如过去的经历、人生的理想等。如果能聊到这些，那说明你们的关系已经非常亲密了。

4.4　快速拉近关系的 36 个问题

在过去的情感咨询中，遇到问的最频繁的一个问题就是：

“我在 ×× 场合认识了一个很喜欢的男孩子 / 女孩子，想要深入沟通，但是觉得没什么话题可以聊？”

这句话的潜在意思也是：我不知道聊什么话题，才能迅速跟一个人从陌生状态转到熟悉状态。

是的，当两个完全没有交集的人想要彼此深入了解时，肯定不是靠“你在吗？干吗呢？吃了没？”这种话题进行沟通的，而是需要一些能够互相探索内心想法的问题。但是如果直接跟一个陌生人说“你的梦想是什么？”，未免也太唐突了一些。

当我一边玩儿手机，一边在北京太古里逛街的时候，突然发现了这样的一个活动。

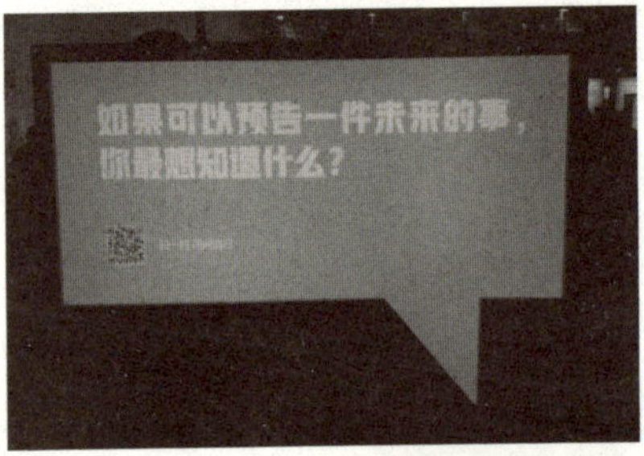

活动列举了很多问题，让参与活动的人们互相交流，大家都在很开心地围观，且相谈甚欢。

“如果可以预告一件未来的事儿，你想知道什么？

你最想拥有的超能力是什么，拥有后你准备做什么？

加入你今天晚上就要离开人世，来不及与任何人道别，你最大的遗憾会是什么？”

这些问题不仅让陌生人交流起来不会尴尬，而且会让双方用有趣的方式了解彼此。

以下段落转载自一篇经典社会学实验：

在《纽约时报》上有过这样一篇文章——《只要你这么做，想爱上任何人都可以》（To Fall in Love With Anyone, Do This），高居其网站当周点击量首位。这篇文章的作者是温哥华的一位大学教授，她讲述自己和刚刚认识的一个陌生男子，仿照美国心理学家 Arthur Aron 在 1997 年做过的一个实验，迅速培养出感情并坠入情网。这篇文章并非严谨的学术论文，作者的经历也带着半开玩笑的性质，但是她文中提到的这个“爱上陌生人”的实验却引起了很多人的关注，因此文章不但在社交媒体上形成刷屏之势，也被大量媒体加以报道。参与实验的陌生人两两分组坐在一起，只花了 45 分钟，彼此问了 36 个神奇的问题，就快速对对方产生了好感和亲密感。实验的结果很有意思，有 30% 的人在聊完这些问题后，立即表示自己和同组实验者之间的关系已经变得比他们人生中其他任何一段关系还要深。而在隔了一段时间之后，有 37% 的人在上课时坐在了一起，35% 的人已经开始在约会了，还有一对在六个月后结了婚，他们邀请了所有人去参加他们的婚礼。

这些问题分为三组，按问题的深入程度依次递进，完成每组问题各需 15 分钟。

第一组问题

1）假如可以选择世界上任何人，你希望邀请谁共进晚餐？

2）你希望成名吗？在哪一方面？

3）拨打电话前，你会先练习要说的话吗？为什么？

4）对你来说，怎样才算是“完美”的一天？

5）上一次唱歌给自己听是什么时候？唱歌给别人听又是什么时候呢？

6）假如你能够活到 90 岁，并且你可以选择让你的心智或身体在后 60 年一直停留在 30 岁，你会选择哪一个？

7）关于未来你可能怎么死，你有自己的秘密预感吗？

8）列举 3 个你和对方共同拥有的特质。

9）你的人生中最感恩的事情是什么？

10）假如可以改变你成长过程中的任何事，你希望有哪些改变？

11）用 4 分钟的时间，尽可能详细地向对方讲述你的人生故事。

12）假如明天早上起床后能获得任何一种能力或特质，你希望是什么？

第二组问题

13）假如有颗水晶球能告诉你关于自己、人生或未来的一切真相，你想知道什么？

14）有什么事是你想做很久了？还没去做的原因是？

15）你人生最大的成就是什么？

16）友情中你最重视哪一部分？

17）你最珍贵的回忆是什么？

18）你最糟糕的回忆是什么？

19）如果你知道自己将在一年内突然死去，你会改变自己目前的生活方式吗？为什么？

20）友情对你而言意味着什么？

21）爱和感情在你生命里扮演什么样的角色？

22）轮流分享你认为对方拥有的比较好的性格特点。各自提 5 点。

23）你的家庭关系亲密温暖吗？你是否觉得自己的童年比大部分人快乐？

24）你与母亲的关系如何？

第三组问题

25）说出 3 个含有“我们”并且符合实际情况的句子，比如“我们现在都在这个房间里”。

26）完成这个句子：“我希望可以跟某个人分享——”。

27）如果你要成为对方的密友，有什么事是他或她需要知道的？

28）告诉对方你喜欢他或她的什么地方（回答此题必须非常诚实，要说出你可能不会对刚认识的人说的事）。

29）和对方分享你人生中尴尬的时刻。

30）上次在别人面前哭是什么时候？自己哭又是什么时候？

31）告诉对方，你现在喜欢他或她的哪一方面。

32）有什么事是绝对不能开玩笑的？

33）如果你今天晚上就会死掉，而且无法与任何人联系，你最遗憾还没有告诉别人什么事？为什么还没说呢？

34）你的房子着火了，你所有的东西都在里面。在救出所爱的人和宠物后，你还有时间可以安全地取出最后一件东西。你会拿什么？为什么？

35）在你所有家人当中，谁的死对你的打击会最大？为什么？

36）分享你人生中的一个问题，问对方遇到这样的问题会怎么做。同时也请对方告诉你，在他或她看来，你对这个问题的感受是什么。

其实这个实验说明了一个道理：人们之间的关系从疏离到亲密，需要双方不断深入剖析地自己的内心并互相坦白。

实验后续还有一个有趣的发现，人们之间的亲密程度，跟他们对同样问题的回答是否相似并无直接关系，也就是说，“三观相同”并不是两个人关系亲密的必要条件。

所以这个实验的最终结论是：两个陌生人要迅速建立亲密关系，需要依靠双方坦诚并挖掘内心的真实想法。

4.5 恋爱中，好好说话的重要性

这节的案例之所以有意义，其一这是我咨询经历中为数不多的男女双方同时请求咨询的情况，其二是因为这个案例涵盖了很多情侣在相处时容易犯的经典错误。

4.5.1 女方视角

首先，通过上图中女方的描述，我们可以梳理出两个人的矛盾所在：

女方刚刚参加工作，遇到了很多烦心事和压力，但是作为已经工作几年成熟稳重的男朋友，并没有耐心地安慰女方。

相反，在女方看来，每次她试图寻求男朋友地安慰时，反而得到的是男方的批评，以及以“过来人”身份高高在上的指导。

得不到安慰的女生觉得自己本来在外面已经承受了过多的压力，回到男朋友身边却还要被二次教育，因此十分心寒，对感情出现了动摇。

我们再来看看男方怎么说。

4.5.2　男方视角

经过沟通后，男方表达了对这段冲突的观点。

在男方看来，女方反而是不成熟，冒冒失失，不理解自己的好意。

自己比女方早接触社会，出于担心女朋友吃亏的心理，每次都好心地告诉女朋友一些人情世故，但是女朋友并不领情。

相反，女朋友反而觉得自己的一片好意伤害了他，自己费力不讨好。

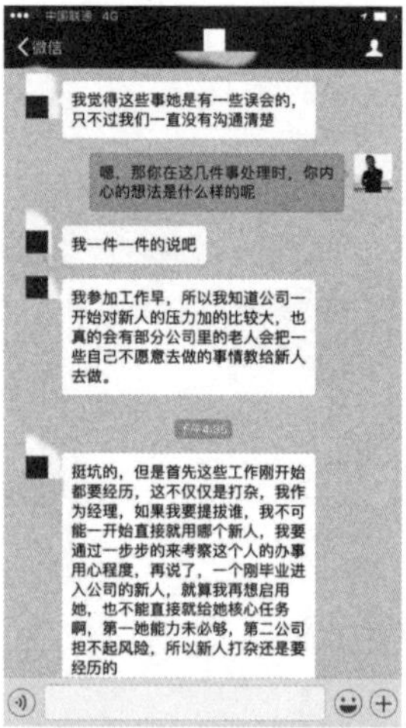

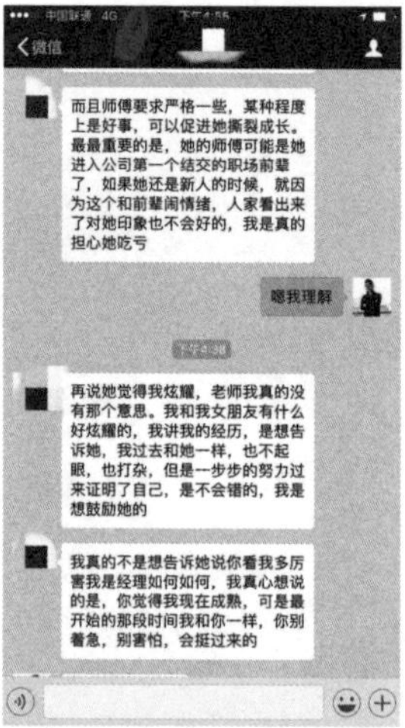

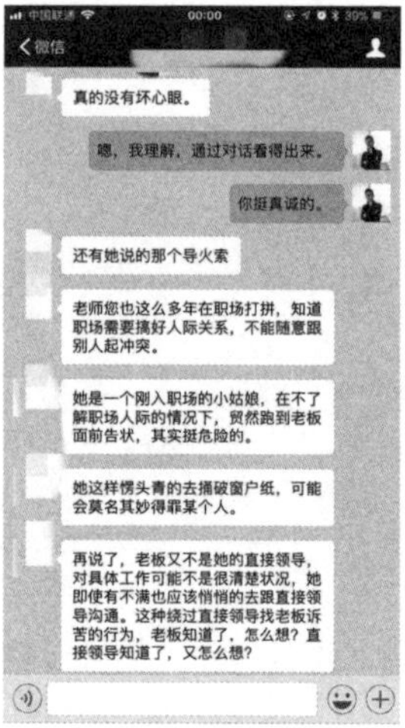

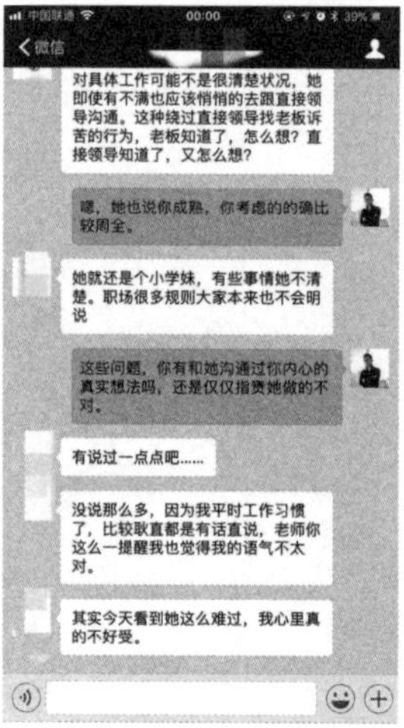

因此这件事中男方也是满腹委屈：为什么，我一片好心，却伤害了我的女朋友？

4.5.3　宏桑分析时间

在恋爱中，类似上述这种情况十分常见：两个人的关系出了问题，但是两个人都觉得自己没有错，两个人都很委屈。

那么问题的症结在哪里呢？下面一条一条来拆分：

1. 男女沟通思维的差异

当女方受了委屈，她向男方倾诉，根本不是在请求解决办法，如果是请求建议会直接请求对方给出办法。

当女生满腹委屈和愤怒地向男朋友说自己的经历时，其实只想要男朋友一个拥抱，或者是轻声安慰，亦或和她一起“吐槽”。

而男性的思维习惯是解决问题，因此每次女方一和她倾诉，他就像导师一样严厉批评并且给出意见，殊不知这样很容易引起女生情绪激动，近而反感。

我一直对学员们说：“当你的女朋友向你倾诉时，不要好为人师，因为她已经是一个成年人了，她自己有自己的主意。她需要的不是一个开上帝视角的指路人，而是一个能够感同身受的温暖港湾。”

2. 把工作的角色代入到生活中

长期关系的大忌，就是把在工作时扮演的角色代入自己和另一半的生活中。

在上面案例中，两人都犯了错误：

男方出于保护女生，担心女生吃亏给建议时，他的口吻并不是男朋友的口吻，就像他说的“我平时工作习惯了，性子急，有话直说”。

因此，在女朋友情绪最激动的时候，他没有像一个成熟贴心的男朋友一样耐心开导，依然保持了自己“经理”的角色，严肃急切地告诉女生：你这是错的，你不应该这么做。

而女生在听到这些话时，代入的也不是女朋友的角色，而依旧是初入职场的新人，并且她在心中默认了她男朋友和自己遇到的领导一样："还要在这个时候给我显摆"。

不管我们在工作中扮演着怎样的角色，但在恋人相处中，我们都是平等的。一旦把自己工作时的作风和心理代入平时的日常相处中，我们就会把恋人在各自的心理推得越来越远。

3. 有话不知道好好说

当女生需要安慰时，她没有直接说明：我现在不需要你的指导，我需要你安慰我，抱抱我。

当男生担心女朋友时，他也没有直接说明：我担心你一个刚入职场的小姑娘受委屈，我的着急是因为怕你吃亏。

而两个人都选择了最容易引起人反感的口吻——指责。

女方指责男方不懂自己，男方指责女方幼稚。

在恋爱中，我们总是高估了另一半的理解能力，都觉得"ta 和我处了这么久，还能感受不到我的意思吗？"

对不起。有时候，真的不能。

我们不善于表达情感，总喜欢用"犹抱琵琶半遮面"的话，让对方去猜我们的心思，让对方自己去领会我们想要的。

有话，为什么不直接说，不好好说呢？

都是在一起的人，彼此还玩什么"阅读理解"呢？

通过电话会议，以及互换两者和我的聊天截图，这对情侣才恍然大悟：原来他们一直误解了对方的意思，原来对方不是自己想象的那样。

现在两个人又重归于好，并表示以后一定有话好好说。

我很欣慰，但是依然苦笑了几声：

我们在感情中，太爱说"我觉得"，用我们的想法去揣测别人。

暧昧靠蛛丝马迹，沟通靠阅读理解，表达靠互相指责，就是没学会有话好好说。

其实，只要我们能真实表达自己的想法，很大一部分恋爱问题，都会避免。

4.6　女人负责引导，男人负责表白

某一天，我收到了来自知乎关注者的一个问题。

我也不知道为什么，有些男生会在和我相处比较短的时间之后喜欢我（我觉得只是普通喜欢吧），但是这种喜欢总是在某段时间之后就消失了，也就是不再喜欢了，所以一般我不会成为他们的女朋友。我想知道为什么我不会变成他们的女朋友。

我的回答是：

男生的正常思路是：

① 这个女生好可爱，我特有好感。

② 我去试着接近示好下，看看她是不是对我也有意思。

③ 她好像什么反应都没有，算了我本来也不是那么喜欢，就别自讨没趣了。

而通过女生的答复，也基本确定了这批“追求者”都是满足这个行为规律。

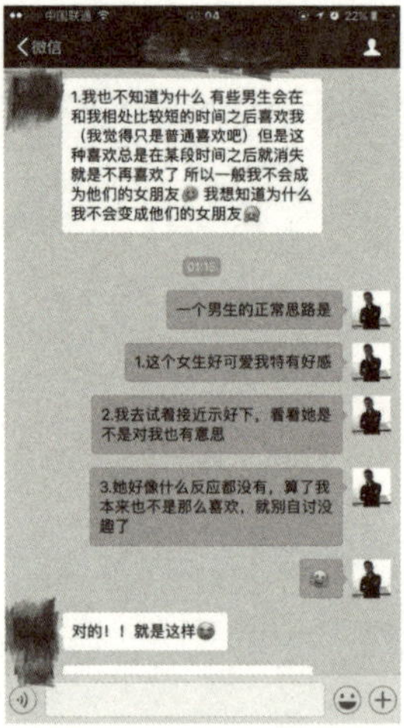

按照现在很多自媒体的属性，大家可能会从下面这两个角度来分析：

角度一：斥责这些所谓“追求者”不够真心诚意，从而引申出很多男生都存在“不要把鸡蛋放在同一个篮子里面”，三心二意的现象，批判当下社会男性面对爱情不愿付出，缺乏勇气。

角度二：斥责题主这样的女生，面对可能出现的姻缘没有勇气患得患失，从而引申出很多女生在恋爱中存在只想索取不想投入的事实。

其实这两种观点我都不认可，因为见过一段段真实的感情后，我深知人们面对感情的时候都是小心翼翼的，都希望付出后能收获最大的幸福。

接着看这个女生的提问：

“我有点贪心和好奇，有这样的女孩子可以被 80 ～ 90% 的男生都喜欢吗？”

所以，我从实际操作角度给了这个粉丝一些建议。

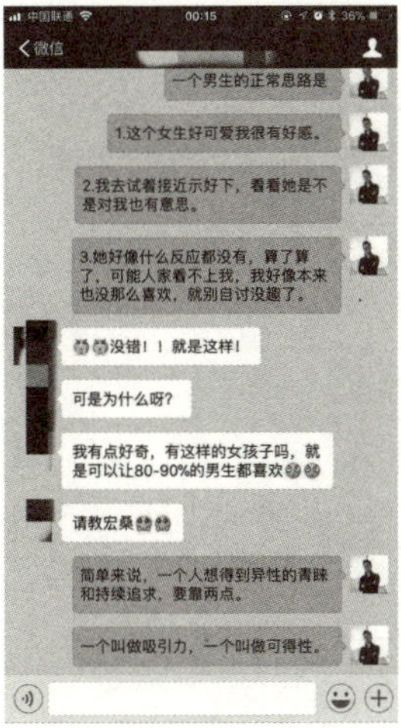

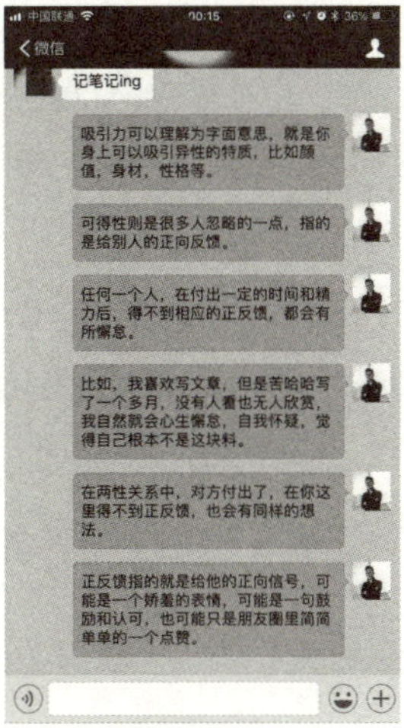

刚说到人性的特点是希望自己的付出能收获最大的幸福，如果自己的行为迟迟换不来正向的反馈，大多数人是很难单纯通过自我激励持续投入的。

喜欢弹吉他，学习弹吉他，练习一个月，一个标准音符都弹不出来，还有多少人能坚持?

喜欢写文章，坚持写文章，写专栏几万字，一个赞同和评论都没有获取，还有多少人能坚持?

喜欢一个姑娘 / 男生，默默表达好感，时而硬凑几个话题，时而假装不经意提出邀约，却一再被对方无视，还有多少人能坚持?

说白了，我们都是心智没那么坚定的普通人，偶尔也需要人哄。

所以，如果你想一边考验你的追求者，让自己考虑要不要跟 ta 在一起，一边又不想让对方知难而退，那么就一定要适时给出一些正反馈，即“释放可得性”。

毕竟对于大多数男生来说，玩游戏很爽，但追女生很郁闷，其根本原因在于追女生的时候没有“通关进度条”，男生根本无从判断自己这段追求之路还要持续多久。而游戏让人一而再再而三地投入，就是因为它总在阶段性的时间释放出一些刺激信号，金光一闪又升一级（属性+10，通关副本获取装备战力 +20），有了适时的正反馈，人们自然愿意持续投入。

在恋爱中，这种正反馈的方式多种多样，可以是给对方的一句肯定，一个娇羞的眼神，甚至是对方朋友圈里的一条点赞。

情感答疑

问：

我在微信群里加了一个公司的女同事，第一次聊天感觉特别好，她对我的话题回应的很积极，后来我看到时间太晚了就主动道了晚安离场了。第二天我再找她聊天，她一整天没有任何回应，等到第三天早上才简单回了我一句“哦，知道了，谢谢”，再次聊天时，她的回应也比较冷淡。最近我不太敢找她聊天了，就是昨天晚上突然发了一个“小朋友晚安”，她回了我一句“晚安大朋友”，感觉情绪还不错，但是我现在不明白：是我的聊天有问题吗？为什么她对我忽冷忽热？

答：

你的聊天问题应该不大，因为如果你一开始就在聊天中冒犯了女孩子，那么女孩子根本不会回复你那句“晚安大朋友”。你问题比较大的地方是心态。刚开始和女生接触时，很多人都容易犯一个“过度解读”的错误，女孩子回复好就觉得人家对你感兴趣，回复不好就担心是不是把天聊“死”了。其实完全没有必要那么紧张，女孩儿一天没回你也许是在忙别的事情，你应该也有忙了一天身心俱疲谁也不想搭理的状态吧。再比如，你三天之前把你的问题发给我的助理，我现在才回答你，你觉得我对你反感吗？不会对不对，因为我很忙，所以我不可能随时回复，会在固定的时间来统一回复。所以你的感觉不一定准确，每个人都有每个人的生活节奏，不要拿自己的节奏去揣测别人对你的态度。

问：

有个问题想和您咨询一下。我学的是经管专业，现在在一家证券公司工作，每天接触的都是金融方面的工作。一次活动中，我偶然加了一个女生（从事互联网运营工作）的微信，和她相处一段时间后，感觉这个女生性格很和善，长得也很清纯，是我喜欢的类型。但是我们完全是两个领域的人，聊天时不太容易能找到共同话题，怎么办？

答：

我和我女朋友也是两个领域的，我做恋爱教学，她专注运动健身。我们聊天时，我会讲“半天”恋爱技巧、进化心理学和案例分析，她会说“半天”她跑马拉松的经历以及下个月徒步比赛的安排。看上去完全没有共同话题，但是我们相处的特别愉快，完全不会因为话题不搭界而冷场。因为我做到了两点：

① 在完全不了解的领域，做到耐心倾听并积极反馈。在她讲述运动话题时，我会耐心倾听，会针对她的话题做一些回应：

“那你去徒步时，一般都怎么做防晒？”

“原来跑马拉松还有这么多讲究啊！”

保证我一直在认真听，给她足够的空间去展示她感兴趣的话题。

② 在不搭界的话题中选择共通点。我们是在聊天，但不是在做学术讨论，所以不可能对方说的每一句话你都完全不了解。

既然两个人闲聊，虽然领域不同，公司里的“八卦”你们总都有吧？工作完之后的休闲时光你们都有吧？

虽然你们从事不一样的领域，但是怎么可能完全没有可以一起聊的话题。

问：

老师您好，我之前和异性聊天很容易把一个话题聊“死”，两个人刚开始聊得特别好，但是随着话题接近尾声，气氛就逐渐变得尴尬，到后来只剩下沉默。老师您有什么好办法么？

答：

抓关键词开始聊天。

意思就是，你要捕捉到对方每句话里包含的可能开启下一段聊天的词语，及时展开聊天。

关于相关理论性的分析在这里不细讲，举一个我朋友的案例，看他是怎么抓关键词开始聊天的。

A：你是哪里人啊？

B：我是广州人，你呢？

A：我老家是山东的，虽然很少去南方，但是对广州有特别的好感。

B：是吗？哪方面有好感呢？

A：由于本人比较爱吃，所以对广州的早茶非常迷恋，尤其是虾饺。你们家乡还有什么美食值得推荐呀？

B：广州好吃的特别多，比如牛肉丸……

你看，这样聊天是不是轻松多了。

问：

老师你好，我之前喜欢一个男孩子，每天都找他聊天，但是他对我的回应一直都是爱答不理，我比较着急。我听闺密说，这个时候女孩子就该抽离了，晾着他不找他聊天，这样他就会主动来找我了。我这么做了，但是陷入了“你不理我，我也不理你”的怪圈。请问我这是哪里做错了？

答：

举个例子，我之前接到了一个猎头的电话，一上来就给我推荐他们公司的政策，公司的薪资待遇。但是我表示没兴趣，然后他说给我时间考虑一下，他这里还有好几个人要面试。我说 ok。你觉得他抽离了，我搭理他了吗？事实上并没有，因为他对我一点自信都没有。所以，抽离之后对方来找你的前提是你本身有吸引，在你没有吸引的情况下，抽离之后，对方是不可能来找你的。

第五章

约会秘术

Yuehui Mishu

在前几个章节，我们已经详细介绍了应该去哪里找到另一半，如何建设我们自身，如何与目标聊天以及情绪互动。

这一节，我们重点来探讨推进两人关系的重中之重：约会。

线上聊天重在“展示”，我们要通过说话和技巧展示出我们的幽默风趣以此来吸引对方。

线下约会重在“证实”，我们要通过行动来证明我们前期给对方留下的印象是真实的，保持前后一致。

经过多年的研究和指导，我总结出了一套成功率极高的方法：三板斧约会法。顾名思义，按照这个流程去走，三次约会后，你就可以和心仪的对象确立关系。

5.1 三板斧约会法（男生版）

5.1.1 前期铺垫：通过聊天确定约会

关键词：共同话题＋模糊邀约＋确定约会

虽说聊天有好多方法，但是最简单上手的永远是共同话题。

前面我们说过聊天中的共同话题是为了拉近我们和她人的心理距离，其实在邀约时，共同话题也为我们提供了一个很好的借口。

先通过共同话题激发兴趣，当我们通过共同话题拉近关系后，先别急着说“周末正好有你爱看的电影，我们一起去吧”，我们应该先做一个模糊邀约：

“没想到你也喜欢爱情喜剧片，那以后遇到好看的电影，我们可以一起去看一下。”

模糊的邀约的作用是：①先给对方一个心理预期；②用于测试对方对你的反应。

如果你直接以确定的时间、地点邀请，首先对方可能那一天正好没时间，其次对方可能没有心理准备，很容易婉拒你的邀请。

如果连时间模糊的“有机会”、“下次”这样的邀请，人家都婉拒，那说明你根本没有吸引到对方，要仔细想想之前的流程出了什么问题。

如果对方很开心地答应了你的邀约，那就找个合适的机会确定时间、地点，正式确定你的邀请。由于之前你已经给了对方心理预期，所以这次邀请的成功率会比平时高很多。

【案例】

Mars现在的女朋友，是在一次会议中认识的，两个人从事的工作都是互联网运营。他抓住了这个共同话题，两个人聊得特别开心，一起抱怨运营人员工作繁杂，公众号排版让人崩溃。

等到聊嗨了之后，他说了一句“和你聊天蛮开心的，突然发现咱们的公司离的也不远，有机会我们可以出来聊一聊运营的事。”女孩子也觉得这个男生说话蛮有意思的，于是爽快答应了。

两天之后他算了算时间，在女孩子平时的下班时间给女孩子打了个电话，开口说“小朋友，还在加班吗？我路过你们公司了，要不半个小时后一起喝个咖啡？”

正好女孩子在收拾办公桌，两个人成功确定了第一次约会。

5.1.2 第一斧：培养联系感，安全感

关键词：安全感＋享受当下＋延伸话题

第一次约会是很重要的，它直接决定了我们在他人心目中的印象。如果对方见面后对你第一印象不好，那你们后面是很难有故事的。

我们身边总有些自作聪明的男生，一和女孩子出来就各种吹牛侃大山，一个人聊得特别嗨，全然不知女孩子早就在心里不高兴了。

实际上，对方能和你单独出来，本身就是已经认可了你在微信上幽默风趣的一面，这次来是在考察你是否表里如一。

而第一次约会，只要不尬聊，不冷场，女生心情放松，就算成功。

第一次的约会安排如下：

① 约会地点：选择离对方近的地方，比如她家附近的咖啡馆、饭店、所在的学校等，给对方足够的安全感和舒适感。在她附近的地盘她可以减少对陌生人的戒备。

② 约会事项：选择喝咖啡，吃饭为主。重在两人聊天互动，此时面对面沟通培养一种熟悉感和安全感很重要。场地以安静的咖啡厅、西餐厅、居酒屋为主，排除吵闹的大排档、火锅、烤肉。

③ 聊天话题：共同生活爱好，童年回忆，工作经历。这些中性的话题比较温和，也容易帮助两人互相了解。

在聊天时，如果对方滔滔不绝，我们需要做到的是当一个好的捧哏，时不时迎合对方，让对方有兴趣继续聊下去。

如果对方并不善谈，这就需要我们采用“抓关键词”的聊天法，抓取对方上一句话中的关键词，作为我们下一个话题的开场。

【案例】

Mars约女孩子出来之后，女孩子虽说网上聊得很好，但是对陌生人还是有些拘谨。这个时候他不慌不忙地掏出手机，通过之前的聊天他知道女孩子爱玩“王者荣耀”，就抓住这一点，主动提出“来来来，先开黑（玩家和自己认识的朋友一起游戏，组成一个队伍），我早就想看看你的真实水平了”。

通过和女孩子开黑，彼此“吐槽”对方的操作，两人成功地打破了僵局。

Mars这个人聊天有自己的一套方法，他特别擅长抓住女生每一句话中的关键词进行开启话题，他的每一句回复也包含着隐藏的话题。所以和他聊天时你会特别舒服，不会怕冷场。

Mars：你上次说你朋友在找工作，现在安定下来了吗？

女生：找好了，到外企了。

Mars：我之前也在外企做过，是在百威英博的市场部，市场部的工作特别有意思。

女生：她去的是财务部，市场部好玩在哪里啊？

Mars：我那个时候主管的是酒吧街的销售，所以经常去酒吧踩点，比我之前在立信做审计有趣多了。

女生：哦是这样啊，你的跨度好广啊，原先还做审计？

Mars：对啊，其实我学财务是迫不得已啦，老爷子一直觉得财务比较稳重，这可能也和他的个人经历有关。

女生：诶？老爷子怎么啦，说一说，好奇……

有人会担心，万一妹子特别冷淡，根本接不下话怎么办。

其实这种担心是多余的：首先，她自愿接受了你的邀请，说明她还是对你感兴趣的；

其次，除非你谈到了她的雷区，一般人还是会主动和人互动聊天的；

再次，线下见面的人，不管是出于兴趣还是出于教养，都会给对面的人说的话给予响应和回馈，毕竟他们这个时候不能装作没读到消息。

5.1.3 第二斧：积极互动，肢体接触

关键词：稳中求进 + 测试三观

通过第一次约会，我们和对方已经彼此熟悉和了解，对方对第一次见面已经感到比较满意，这时候是我们第二次邀约的黄金时间。

我一般要求我的学员们在第一次约会后给对方发一条这样的消息：“今天和你聊天聊得很开心，听说你对 ××× 感兴趣，有机会我带你去逛一逛啊。”

首先，对我们第一次约会做一个积极的反馈；其次，根据第一次约会中的话题，依旧按照共同爱好的模式开展第二次模糊邀约。这样对我们印象不错的对方都会顺水推舟地答应邀请。

第一次约会中，我们多了解，少互动，这种方式并不利于彼此升级关系，所以在第二次约会中，要加大约会中的刺激感和彼此的互动，并且植入一些肢体触碰来升级关系。

肢体接触的作用有两个：①通过肢体接触，我们可以再一次拉近和对方的心理距离；②考察对方在我们肢体接触时是否反感和抗拒，来检验对方对我们的兴趣。

在升级关系的同时，千万别忘了测试对方的三观是否和你相符，找到一个志趣相投，三观相符的另一半，这才是我们约会的终极目的。

第二次约会规划如下：

① **约会地点：**选择两人住址处的中间位置，离两人都不远。

② **约会事项：**选择游乐场，KTV，电玩城，运动俱乐部等活跃场所，加强两个人之间的互动。

③ 聊天话题：话题从彼此的社交圈发掘，讲述身边朋友的事情传递和考察三观问题。

【案例】

Mars第二次和女孩子见面后，他带着女孩子逛了酒吧街，选了一家夜场，带着女孩子一起跳舞，玩得特别开心。之后他们一起出来，换了一家安静的酒吧，坐在一起聊天。

他找女朋友不仅看颜值而且看三观，但是一些问题直接问出来会有些僵硬，于是他通过给女孩子讲身边人的故事来考察女孩子的三观是否和自己相符。

讲故事的模型为：先讲述朋友的一个故事＋描述自己的想法＋你觉得呢？

Mars：最近我朋友遇到一个特别糟心的事。

女生：怎么啦？

Mars：是这样的，她是一个很保守的女孩子，一直反对婚前性行为。因此即使她很爱她男朋友，两个人也一直没有发生关系。最近两个人一起出去旅游，订的是一间房。一天晚上，两个人没有把持住，就发生了关系。事后我的朋友特别懊恼，觉得自己这样做太过轻浮。（朋友的故事）但是我安慰她，性是一个很美好的东西，和喜欢的人发生关系，这是一种享受而不是罪恶，时代开放了，我们不应该因为传统的观念束缚自己的行为，想去做什么去做就好了。（传达自己的意见）你觉得呢？（询问对方的看法）

女生：我觉得你说的有道理，活在当下，不要被那么多条条框框束缚住，自己开心就好了。（观念一致）

女孩子会和他一起讨论他朋友的事情，不知不觉中两个人已经在各种大事上的看法完成了交流。他十分高兴，因为女孩子讨论问题时传达出来的三观和他特别契合。这个女生，值得追。

在回去的路上，一辆车从背后开过来，他说“小心，有车！”顺势把女孩子牵到一边，女孩子没打开他的手，他心中有数了：这个女孩子不反感我，甚至可以说对我有感觉。

5.1.4 第三斧：亲密接触，确立关系

关键词：频繁接触＋亲密接触＋表白

如果前两次约会已经按照我们的构想顺利完成，那么现在已经积累了如下成果：

① 对方已经足够了解我们，并且对我们不排斥，甚至感兴趣；

② 我们和对方已经完成了较多的互动，心理距离不断拉近；

③ 我们考察完了对方的观念和我们是否相符，确定了对方是适合我们的追求目标。

是时候一鼓作气，巩固战果了。

有人可能要问：我们这样会不会节奏太快？感情难道不应该日久生情，细水长流吗？

其实，我们每个人在和人接触时，都会出现一个“黄金窗口期”，这个现象一般在初步了解和产生互动之后。在“黄金窗口期”内，我们会对这个人产生极其浓厚的兴趣，想要与此人频繁接触。

“黄金窗口期”转瞬即逝，一般存在不超过一个星期，如果我们不抓住这个窗口期迅速和对方升级并且确立关系，那么我们在对方心中的位置就会一点一点退回普通朋友，因此三次约会之间必须一气呵成。

在第二次约会和第三次约会期间，我们可以适当增加联系对方的频率，在对方那里不停地刷存在感。

不知道大家有没有这样的经历，有的人你第一眼看他可能觉得此人相貌丑陋，但是接触时间长了，他在你心中渐渐已经变得不那么丑陋，甚至有的时候你会觉得他很可爱，这就是我们心理学上的“多看效应”。

20世纪60年代，心理学家查荣茨做过这样一个实验：

他向参加实验的人出示一些人的照片，让他们观看。有些照片出现了二十几次，有的出现十几次，而有的则只出现了一两次。之后，请看照片的人评价他们对照片的喜爱程度。

结果发现，参加实验的人看到某张照片的次数越多，就越喜欢这张照片。他们更喜欢那些看过二十几次的熟悉照片，而不是只看过几次的新鲜照片。

也就是说，看的次数增加了喜欢的程度。

现在，我们要利用“黄金窗口期”和“多看效应”，快速吸引对方对我们的兴趣，最后一步到位。

频繁联系一周左右，就该开始我们的最后一步了，这个时候你不需要什么共同爱好了，因为在这种情况下，只要对方有时间，你是很容易把对方约出来的。

第三次约会安排如下：

① **约会时间：**晚上，人在晚上感性往往大过理性，我们需要夜晚的气氛帮助我们催化升级两人关系。

② **约会地点：**私人影院、安静的小酒吧等私密、安静的场合。

③ **聊天话题：**话题已经不重要了，营造一个温馨浪漫的氛围很重要。

【案例】

Mars约女孩子一起去看电影，但是订的是私人影院，两个人一起躺在沙发上，看完了一部爱情喜剧片。

在搞笑的场景出现时，他们一起哈哈大笑；等到浪漫的场景出现时，他偷偷地抚摸着女孩子的头发；等到感人的场景出现时，他体贴地拿着纸巾给女孩子擦泪。

爱情喜剧片的目的，是为了烘托一个暧昧的氛围出来，女孩子比较感性，当她看这种电影时，她往往也会不由自主地代入其中，少女心被唤醒，内心对恋爱的渴望程度大大提升。

看完电影，两个人找了一间小酒吧，随便点了一些简餐边吃边聊刚才的电影，然后一起散步回去。

等到两个人一起散步要分开时，Mars对女孩子说："那我先走了，拜拜。"（他才不会真的走呢！他故意让女孩子失望一下：你什么意思啊？动不动找我聊天，约我出来，还有意无意的和我肢体接触，我感觉你喜欢我，但是你一直都不说，你到底想做什么啊？）

等到女生失望地说了一句"那行吧"，转身离去时，没等女生走出几步，他叫住了女生，一把拉住她：

"其实，我这几天一直在纠结要不要和你表白，你温柔可爱，也很有自己的想法，和你在一起时感觉过得好开心，我想以后也有这样的生活。"

女生："说实话今天我还一直特别紧张，好几次想对你说但是都没鼓起勇气，你扭头走的时候我突然好舍不得。"

Mars："我喜欢你。"

这种表白说完，相信我，你什么话都不用多说了，直接吻上去！

有的男同胞们这个时候就放不开了，我听到学员最多的反应就是：老师，这是不是太像偶像剧了？

同志们呐，女孩子从十几岁就开始追偶像剧，看了快十年的浪漫桥段，为男女主角的爱情故事掉过无数次眼泪。她们的内心，一直在等一个自己喜欢的男生能为她们演一出偶像剧，能满足她们积攒了十几年的幻想。

你，就不能满足一下她们吗？

Mars 成功的通过三次约会，和喜欢的女生确立了关系，而我们的约会三板斧，也一口气发挥完毕。

回想一下约会三板斧中的每一个操作，其实暗含了我们和每个人接触相处的程序：

互相了解建立熟悉感安全感——产生共鸣建立联系感好感——频繁联系巩固好感——升级关系建立亲密感。

按照这样的流程去操作，三次约会找到另一半，一点都不难。

5.2　三板斧约会法（女生版）

5.2.1　【三板斧起手】——诱导邀约

男生约女生，强调不要怂，主动出击。

而女生约男生太过主动不合适，所以我们要诱导男生进行流程，让他以为这一切都是“他想做”。

所以我们和男生聊天互动时，要对男生呈现分享的话题表示出极大的兴趣，引导男生和我们多聊天。

举个例子：

“我一直都想试试打篮球呢，过去学校里一直没人教我，自己也不知道怎么开始学，没想到你打篮球这么厉害，好羡慕你。”

“哈哈哈说起来你可能不信，我一直看你们男生打LOL，渐渐也感兴趣了，想找一个机会尝试一下呢。”

“嗯嗯，我也觉得我需要试试考研，不过基础不太好，数学方面一直很弱，所以蛮崇拜你这种能把高数、线代学得好的‘学霸’。”

这个时候，情商高一点的男生都会顺水推舟说“那我教你吧”，这时候你们接触的机会就有了。

不过我们实在不能对直男的情商抱多大希望，所以如果他这个时候直接给你“甩”了一堆教程，安利了一堆书或者教学视频，也是有可能出现的。

来，喝口水，压压飙升的血压，开始卖萌撒个娇：“好多东西啊……我怕没人讲我听不会，你能当下我师傅嘛？请你吃好吃哒。”

同样的道理，我们约男生时最好不要说：“最近新上映了一部电影，我们要不要去看看。”

你要说：

“最近有什么安排嘛……唉说起这个我就郁闷，最近新上映了一部电影，本来说好和闺蜜一起去的，结果她抛弃我去找男朋友了，就剩下我一个人了，好想去看啊，但是感觉一个人去看电影好尴尬。”

有的女生就坐不住了：“不是说真爱要靠缘分吗？使用这么‘套路’满满的措辞，岂不是太有心机了”。

你是想搞定自己男神的，学着点，坐下，继续听。

5.2.2 第一斧：培养联系感，释放可得性

关键词：共同话题＋相似处＋可得性

第一次约会之前，专门抽出一大段时间，什么事都不干，你只负责

一件事：好好捯饬自己！

第一次约会别穿得太诱惑，走可爱清新的路线，这种穿衣风格符合大多数直男的审美，化一个裸妆就会让他觉得你“素颜也好美”了。

虽然这看起来很普通难度不大，但是你每一个装扮都要特别用心，就像 vava《我的新衣》里唱的：

“look at me，从上到下，就哪怕小的细节都要美到爆炸。”

约会可以小小的迟到 5～10 分钟，“赶过来”时，一定要主动道歉：“对不起对不起，堵车了，你没有等得太着急吧。”给他一点着急的感觉，然后再用礼貌的道歉刷一下好感。

约会安排什么的，让他安排，记得夸奖他用心，挑的都是你喜欢的地方，让他小小的洋洋自得一下。

如果他一点规划都没有，只会傻傻的问你你想去哪里……好吧先在内心“吐槽”一下，然后眨眨眼睛：“我觉得都可以呀，不过我比较喜欢 ××（咖啡店，西餐，中餐，日料之类的大方向）。”

注意，你要明白这次根本不是去和他吃饭的！你需要在喝咖啡、吃饭的间歇迅速找到共同话题，如果他主动聊，你迎合他就好了；如果他紧张说不出话来，你就主动挑话题吧：

“我看你朋友圈 ××××，经常 ×××× 吧？”

说话的时候扑闪着你的大眼睛，效果满分。

记得找到共同话题时，补上“原来你也喜欢 ×××× 啊！我对那个很感兴趣呢”，给他足够卖弄的动力，这样能够拉近你们之间的关系。

光有近距离还不够，这个时候需要释放一些可得性，从而鼓励男生进行更加主动的追求。

建议这么说："唉，很少有能和我有一样兴趣爱好的人了，我将来找男朋友一定要找一个志趣相投、聊得来的人，这样才不会无聊。"

这个方法叫"拉"，给他一个暗示：这说的不就是我吗。

别着急，还有后半段呢："唉，只可惜现在这样的人太少了，难怪我单身。"

这个方法叫"推"，让他一下子又不知所措：啥情况啊？坐你对面的这个不就是吗？

别管他，让他纠结去吧。追求女生我们讲推拉，推出去再哄回来，让女生觉得我们坏但是可爱。对追男生我们讲拉推，拉过来再一把推开，让男生因为我们到底对他有没有意思而纠结。

相信我，当一个人因为你喜不喜欢他开始纠结时，他就快喜欢上你了。

5.2.3 第二斧：培养亲密感，激发保护欲

关键词：诱惑＋收集心疼

不管目标是男人还是女人，都要展示给对方积极阳光上进的一面。

但有时候，适当的暴露脆弱面会激发男生本能的保护欲，让他想要在你身边照顾你。

但是千万切忌在朋友圈公开发一些病床照，一些孤独寂寞冷的状态，这样你能引发一群男生来关照你，而男神未必理你，更会招来一堆苍蝇。

趁着第一次约会结束后，给他发一条这样的消息：

"今晚和你聊得很开心，咖啡 / 饭菜 / 电影也很合心意，好久没有这么开心过了，下次回请你，哈哈。"

男生如果说好的没问题，那是最好；要是男生说不用了不用了，你直接调皮地回一句：

“还不给我一个表达礼貌的机会呀～”

至于第二次呢，不要再诱导邀约了，如果他没动静，直接点约他。

这个时候不怕显得主动，因为你顺理成章：这是出于礼节的回请，不要多想。

这一次约会，梳妆打扮的要求不能低，依旧要一出场就惊艳，至于怎么做到这一步，你还需要多多请教美妆博主。

这次约会的聊天话题前半段依旧正常的瞎扯淡就好，重点是后半段，你一定要开始有点战略——“刷心疼”。

把你平时和小姐妹诉苦的样子摆出来，告诉男生你其实压力也很大，也很脆弱，也渴望温暖。

除此之外，还要注意以下两点：①不能把“刷心疼”变成诉苦；②保证唯一特殊性。

我们举个例子：

“宏桑，你一直都说我很阳光很正能量，但实际上，现在又有谁是真的开心呢？我一个女孩子孤身一人来到北京打拼，虽然白天大家都看到我努力工作特别上进，但有的时候工作不顺时，被领导批评，其实我也会伤心难过。”

“但是那又怎么样呢，回到住的地方，大家都休息了，我还不是一个人去微波炉热一下饭，洗个澡振作一下，然后孤零零地睡。”

“就算有时候实在撑不住了，大哭一场，也得闷着头不能发出声来，怕吵到舍友，也怕被别人知道自己其实并不是全能选手。”

“这些话也就我们今天在这里说一说了，平时我绝对不会对其他人说这么多的，大家都很忙，没时间听太多我的事情。”

“抱歉哈，刚刚情绪有点失控，吓到你了”（擦眼泪，不管有没有）

这个时候，你在男生心目中的形象是：一个自立自强的女孩子，有着温柔脆弱的一面，但是却不知道和谁说，想要找一个依靠。

你说他心疼不心疼，想不想保护你，心中的英雄情节有没有被你激发？

煽风够了，我们再点个火：

分离的时候，认真地看着他，对他说：

“×××，谢谢你今天能听我说这些，你好体贴。希望我将来能遇到像你一样的人。”

看到了吗？“谢谢你听我说这些”“你好体贴”是拉，“遇到像你一样的人（但可能不是你）”再推开。

让他继续纠结去吧。

5.2.4 第三斧：亲密互动，引导表白

关键词：高强度诱惑＋引导表白

终于我们来到了第三次约会。这一次其实谁约谁真的不困难了，毕竟前两次都出来一起吃喝玩乐过了。

这次见面，告诉你的小姐妹们，不论是妆容还是衣着，按照诱惑力 max 来打扮。

这次约会项目做什么都无所谓，但是诱惑感一定要到位。

比如聊天时假装被笑话逗得前仰后合，趁机拍拍他；比如在他说话时用小迷妹的眼光盯着他；比如吃饭时悄悄用腿碰碰他的腿；比如他开你玩笑时假装要打他……

诱惑+肢体碰触，这种情况下，大多数男生都会被吸引到。

这个时候你做一件事，就足够让他被你吸引：盯着他，温和的笑，傻傻的笑，就够了。

男生版三板斧约会要求第三次约会确立关系，但是女生很难做到主动去和男生表白，我们不如换个方式。

之前有女粉丝问我男生送她到楼下，摸了摸她的头，她想要更进一步但是发现男生榆木脑袋不开窍，怎么办。

很简单，你只需要在分别时大大方方的告别，走一两步，突然停下，回头，用无奈的笑配上幽怨的语气，轻轻说一句：

“你还真让我走啊？”

就够了，真的就够了！

这句话配合上你的表情，已经传达出了这样的意思：你能不能主动点。你能不能配合点。你居然还真让我回去了，都不抱抱我。

这样，男生要么瞬间开窍冲上去对你表白，要么害羞忍住了但是回去一晚上纠结的睡不着觉，要么就是完全无感跟没听见一样。

对于最后一种，我们就算了吧，这都快说出来了他都没反应，说明人家是真的无感。

但是前两种就有戏了，之前你释放了足够的可得性，也激发了他的保护欲，最后这一声叹气，是把他推向你的最后一把。

如果他还是不明白，回去以后立刻开始对他变冷淡。

你要用行动去告诉他：机会不是没有给过你，是你没好好把握。至于本姑娘为什么对你冷淡了，自己琢磨去吧。

就算他想不透，他的朋友们也会拍着他的肩膀告诉他哥们你是傻子吗，这个女生喜欢你啊。

相信我，他会坐不住的，他会主动来找你的，甚至主动表白。

等他绷不住的那一刻，我们只需要摸摸他的头，一把抱住他，娇嗔一句："笨蛋，其实我也喜欢你啊。"

看，一桩两全其美的好事，通过三次约会就成功了。

5.3 除了吃饭逛街看电影，约会还能做什么

这节内容主要写给男性，因为相比女孩子，男人要在约会中承担更多主动性。

在我遇到的咨询案例中，约会主要暴露的具体问题为如下三种：

① 约会没新意，每次都是"吃饭逛街看电影"，自己觉得没意思，对方也觉得没意思；

② 跟刚认识不久的异性约会时，两人独处，非常容易尴尬，冷场，没话题，导致约会气氛糟糕；

③ 相亲 / 约会之后，自我感觉良好，然而女生态度日益冷淡，自己搞不清楚错在哪儿。

其实选择正确约会地点和方式，可以有效解决以上三个问题。

5.3.1 约会目标 1：超出预期

为什么我们都觉得"吃饭逛街看电影"这老三样不好，答案很简单——平淡乏味。

我们都知道女孩子喜欢浪漫和惊喜，这两个词背后潜藏着一个心理学逻辑——超出预期。

我们什么时候思维会觉得"惊喜"？

它与品质不是正相关，而与品质的真实与期待差值正相关。

你消费 5000 美金入住迪拜七星帆船酒店，走进大厅，

看着四周金碧辉煌的装潢，脑海中蹦出的想法是，“也不过如此吗，没有网上说的那么夸张。”

你消费 200 元入住了某小镇的民宿，推开小木门，

看着清新淡雅的室内装潢，脑海中蹦出的想法是“哇，好棒”，

你的评价不是因为民宿比七星酒店品质高，

而是相比帆船酒店，民宿超出了你最初的期望值。

同理，女生不是第一次出来约会，当你选择用最老套的方式，

也是大多数人会选择的方式——吃饭、逛街、看电影的时候，

实际上已经无法提高女生的情绪了。

因为她已经太习惯这种节奏了，不管你们吃多精致的美食，

看多有趣的电影，也只能保证约会场合不给你们的关系减分，很难达到加分效果。

因为约会当中，如果所有的环节都在预期之内，那么你们两人约会中情绪一直是平的，而两个人互相产生吸引的时候，情绪一定是波动的。

怎样才能超出预期呢？ 之前有过一段风靡网络的话：若她涉世未深，带她看尽人间繁华，即带她去做没有体验过的事儿。

如果她是一个走出校园初入社会的小女孩，带她去繁华的商场，喧嚣的酒吧，灯光潋滟的大趴。

如果她是一个生活优越的富家女孩，带她去穿过那些繁华的街道，在一个不知名的小巷子里吃风味独特的小吃。

在传统约会项目吃饭看电影之外，

去尝试做一些小众爱好的事情吧，比如逛艺术展，参加电影沙龙，去安静的郊外钓个鱼。

我和初恋女友的约会，是一个完全免费的场景，就是带她看雪，只因为她是个南方女孩。

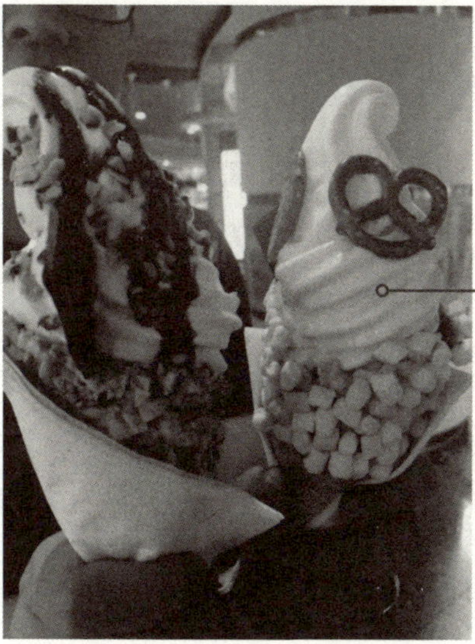

听说这家的冰淇淋超级赞，而且很难找，我带你去尝尝。

5.3.2　约会目标 2：创造互动

约会最怕什么？ 最怕空气突然安静……

我能想到最尴尬的画面，就是两个人相对而坐的时候，

实在找不到话题，就开始各自打开手机。

相信我，如果你不是一个口才特别出众的人，

我们需要找一些“自带话题”的约会项目，

让你跟对方约会的时候有共同的事情完成，这样就会避免冷场和尴尬。

比如：一起去玩儿一场密室逃脱；一起去电玩城砸地鼠抓娃娃；

一起去最近的摄影展观看并讨论作品；一起去陶艺店完成一个 diy 陶艺作品。

如果你的城市不是一线城市没有这些项目，

你还可以选择：打台球，打羽毛球，打保龄球等各种运动项目。

根据调查显示，人们运动的时候心跳会加速，

这会给她一种跟你在一起就会心跳加速的错觉，从而更容易产生好感。

这类约会项目除了能增加互动，避免尴尬之外，还有一个好处，那就是制造共同经历。

一段独特的共同经历会让双方感情加深（同学，战友感情一般都很深刻）

如果这次约会还能留下一些共同作品，就会让你们的关系更加亲密，

比如：

一起去打电玩，结果留下了记录；

一起去吃大餐，结果遇上免单；

一起去画油画，然后你们一直保留着这个作品；

一起抓娃娃，再把抓到的娃娃送给她。

5.3.3 约会目标 3：注重细节

女人对于细节的注重程度是男人的数倍，对于男人来讲，

最悲催的事儿就是对一场约会准备得各种精心，却因为肩膀上有头皮屑被减分。

大体上来说，男人在约会中容易忽视的细节错误有如下几个：

1. 穿着邋遢 / 浮夸

你可以长得不帅，不是个时尚达人，但是给女生的第一印象一定要好。因为衣服穿着不仅代表你的品位，还代表了你的生活状态。2 个

月不修理一次的头发，皱皱巴巴的牛仔裤，白衬衫袖口上的咖啡渍，全部都减分！

2. 没主见

对于一个男人来说，如果无意中表现出了没主见没担当的一面，那么吸引力可以清 0 了。

比如：

好不容易把女生约出来，第一句话脱口而出"咱们待会儿去哪儿"。

找到一家环境优雅的餐厅吃饭，直接把菜单推给女生"你点你点，我随便"。

这种还算温和的，更加让人无语的是，两个人结伴出去旅行，不但不提供任何有效建议，而且满嘴牢骚 "我就说不来这个地方吧，你看堵车了吧" "你为什么要选这家餐厅吃饭啊，我觉得这个口味应该一般" 遇到这种情况，女孩子会迅速想到"这点儿小事你都拿不了主意，以后还能靠你干啥"。

3. 不够细心

所谓不够细心，就是指不会捕捉女孩子微小的情绪变化，

毕竟相比男人的粗线条，女孩子的情绪来得更加微妙和细碎。要知道，

很多时候决定女孩子会不会爱上你的，就是这样的小细节。在女生眼里，能够迅速捕捉到她们想要什么并给出反馈的男孩子，印象分直接增至 99。

正确案例：某学妹第一次跟男生约会，出门的时候有点冷，

学妹抱怨了一句，来到车里，男生马上打开了副驾驶的加暖器，

学妹后来告诉我，就是在这一刻对这个男生的好感度倍增。

再比如：某同事出去相亲，回来之后我们围着她八卦：觉得这个男

生怎么样?

她回答：挺细心的，我对他还挺有好感的，问她为什么，她说：我们吃完饭后聊天逛街，晚上车流湍急，他下意识地从马路内侧换到了我的外侧。

4. 小气

很多女人都信奉一个法则 “一个男人如果爱我，要么给钱，要么给时间”。

如果第一次约会女生就觉得你在算计，那么估计就没有下一次了，

当然中国男人第一次约会是很少要求 AA 的，

比如在我某次街头调查，发现 50% 以上的女性，讨厌男人第一次约会的时候，使用团购券。

因为这样会显得这个男人特别的小气，好像是说：原来你第一次约我出来，首先想到的是怎么省钱呀。这就如同你送给女朋友一个特别华丽的项链，然而她还没来得及高兴，就发现了标签上写着“全场一折”。

5.4 约会加减分

5.4.1 约会加分项

1. 加分第一项

约会不能迟到，要记住!

坐在目标地点等别人出现的时间，特别尴尬。

当然，我建议约会的时候，男生早一点到。

相信百分之九十的女孩都喜欢有个傻小子在等待她，

如果你做到了，也许会给她留下很好的印象。

如果有特殊情况，请最少提前 20 分钟告知对方，

并来用合理的理由来掩饰，例如随身带个不太贵重的小礼物。

迟到以后就跟对方说："久等啦，给你选了个小礼物，挑来挑去不知道选哪个好，所以迟到了。"

听完这句话，又拿到了小礼物，

女生不但不会生气，反而会觉得你很贴心，心里很开心。

2. 加分第二项

吃饭或聊天时你要给对方，

营造一个安全舒适的氛围，

Ta 才能够渐渐解除“预警机制”。

如果你约了一个姑娘，一落座，就坐在了她身边，

无疑就过早地暴露了你的需求感，

切记这种行为是一个 DLV（展示低价值）行为，惹人反感。

选择普通的“面对面”位置，打出一张安全牌，顺利开篇，

但是面对面的座位，又让你很难触碰到她，没办法做一些亲近的动作。

所以，你可以率先选择“长沙发”，可以并排坐的那种，

待女生跟你有熟悉感了，就变换座位。

如果你约了一个小伙，刚聊没两句，你就开始试图去了解对方的收

入、家境，

那么对方心里也会开始出现防备心态。

因为对于一个男人而言，聊这些话题可并不放松。

可以先通过聊一些简单轻松的生活话题，先打开双方的心扉，然后再慢慢交流家庭和择偶观念，这才是最佳选择。

3. 加分第三项

约会行为举止要大方稳重，

不要有多余的小动作，如抓脸、挖鼻子、扯耳朵等，这些都要摒弃掉。

聊天要讲技巧，有趣的话题才能和对方相谈甚欢，

例如：学生时代的趣事，去过的风景名胜，

兴趣爱好，网络上的趣闻等都是很好的话题。

聊天内容要正能量，不要没事“吐槽”你上司，

也不要整天抱怨，

更不要随便跟对方谈及你前任，聊前任话题就埋下了隐患，以后你们在一起的时候会经常因为这个话题争吵。

因为 ta 跟你还不是很熟悉，

聊不开心的话题会让对方觉得你充满负面情绪，即使在一起也不快乐。

4. 加分第四项

约会中要会赞美对方。

这里可以从对方的细节入手，

比如说你可以说姑娘的眼睛有神，说她的唇彩颜色很漂亮。

比如说你可以夸小伙很有理想追求，说他的声音很好听。

总之夸赞一定要比较具象，

否则会让对方有被迎合的感觉。

在遇到尴尬话题一定要巧妙转换，

比如说，姑娘说自己爱逛街，

但是身材略胖，买不到合适的衣服。

那这时候，情商低的男生会脱口而出："我看你也就一百三四，也不是那么难买衣服吧。"

妹子听完你说这个内心肯定不会高兴。

其实你可以巧妙地化解这个尴尬话题，

你可以说："女人都比男人更在乎胖瘦，但其实你知道吗？在我看来，身材适中才是健康的表现。"

这样的回答既规避了对方身材的问题，又表明了你的态度，不在意女生偏胖。她听完你这样说，会给你大大加分的。

对于男人也是同理，不过稍有不同的是，女人更在意自己的外貌问题，男人更在意自己的经济实力，如果他自嘲，记得不要跟进。

5.4.2　约会减分项

1. 减分第一项：穿着邋遢 / 浮夸

穿着不仅代表你的品位，还代表了你的生活状态。

形象不等同于颜值，还包括你的发型和穿衣品味。据调查显示，最容易受到女生反感的着装包括如下几种：

（1）立领 polo 衫：

（2）性感十足的皮裤：

最最重要的是，一定不能邋遢，女人对细节的注重程度是男人的数倍，如果不小心让女神看到了你皱巴巴的裤脚，两个月没修的长发，散落在肩膀上的头皮屑，好感直接清零。

而对于女孩子的着装，无数的时尚杂志和淘宝天猫店都告诉了你们怎么穿出自己的风格。

这里要提醒的只有一点：因地制宜。如果约会的场合偏正式，那就穿礼服；如果要打球就穿运动装；如果要去夜店参加 party，那就把自己打扮得高调闪亮一些，不要跟整个场景格格不入就好。

2. 减分第二项：不细心

跟不细心的男人相处，女孩子会感觉到尴尬且不舒适，因为女孩子的情绪更加微妙，很多需求点很细腻也很隐蔽。

所以，如果能主动抓住女生这些细腻的需求点，在她们主动说出口之前就通过行动去满足，一定会大大提高印象分。

比如：

上下车的时候帮女生开一下车门。

打伞的时候偏向女生一边。

女生拎重物的时候主动接过来。

3. 减分第 3 项：仪态

这一点往往是女孩子容易犯的错误。

你平时的一些仪态习惯能够直接影响到男生对你的评价。

恨天高的高跟鞋和太浓的香水收起来，

平时跟闺密嘻嘻哈哈的大嗓门和八卦心态收起来；

不要喋喋不休问个不停；

也不要初次见面就给对方设限提一堆要求；

更不要表现出自卑 or 自以为是的一面，要以聆听为主，表达为辅。

情感答疑

问：

老师求救，我特别喜欢一个女孩子，我们线上可以聊得很嗨，线下却进展很慢。关系也一直隔了一层窗户纸，这是怎么回事？

答：

我在《聊天之前应注意的事项》中说过，聊天的目的绝对不仅仅是聊天。任何聊天都有一个指向：邀约。如果你们聊得很不错，却既没有升级关系也没有即时邀约，那这个聊天其实是没什么含金量的。我们聊天只需要做到三点：

① 交换信息让对方获得安全感；

② 寻求共同话题让双方产生联系感；

③ 通过联系感进行邀约。

虽说聊天是很重要的环节，但是你是什么样的人可不是你说说女孩子就信了的，有太多线上线下表里不一的男生了，你和女孩子出来约会才是展示你的主场。

问：

老师，我通过学校的社团活动加了一个同乡的女生，聊天情绪特别好，然后那天是儿童节，我问她有没有什么安排她说没有，我就约她一起去看了电影。然后感觉她对我兴趣也不错，但是第二天下雨了我说我带伞了去接她她拒绝了，过了一会我问她有没有安排她说没有。再后来我就约她出来吃晚饭，她拒绝了说她有事，接着聊天情绪也不太好了。我不清楚这是怎么了，刚开始不是挺好的吗？怎么现在就约不出来了。女生是学校里的“小明星”，我挺喜欢的，出了什么问题啊？

答：

你的问题太简单了，总共有两点：①暴露了过多的需求感；②没有合理化邀约。

就算女孩子前期和你互动不错，但是你这种频繁的邀约，会让女孩子感受到不舒服。试想如果你是一个女孩子，有个男生在不是你男朋友的时候每天对你死缠烂打，动不动就想约你出去，就算你本身觉得这个男孩子不错，你也会渐渐觉得他很麻烦。我们再说合理化邀约，你和女孩子刚刚认识，为什么认识当天就能把她约出去看电影呢？很简单，第一你们是同乡又在社团活动上玩得很开心，她此时对你兴趣正浓；第二你邀约她的理由是过六一儿童节，她方便接受。而之后的邀约，第一点她一开始的高兴趣正在逐渐消退，第二点是因为你没有给出一个理由，让她无压力地接受你的邀请。

问：

老师，请问您对约会地点的选择有没有什么建议？下星期要和喜欢的女生出来约会了，很紧张。

答：

约会地点的选择，如果是初次约会的话，建议安排在比较安静的居酒屋或者西餐厅，环境优美，两个人可以在安静的环境里简单交流认识彼此，促进了解；当两人熟悉后，建议选择在电影院或者游戏城这种互动多的地方，方便两个人彼此互动，拉近你们之间的关系；当彼此都有好感时，建议选择小酒吧，私人影院等比较私密安静的地方，培养暧昧的气息，催化你们确立关系。

问：

师傅，我最近认识了一个女孩子，还没确立情侣关系，不过看电影的时候可以拉手，过马路她也会轻轻挽着我的胳膊。最近她申请出国留学的事情一直在忙，我是她的学长，所以就主动找她聊天扯淡，想让她放松一下心情，但是我发现她回复的态度都不是很好。最近手续都办完了，她开始主动找我聊天，但是我想问两个事情：第一为什么女孩子在我提供帮助时对我态度这么冷淡不耐烦；第二怎么在聊天中把之前的负能量转化过来。

答：

这个问题其实都不需要我去讲，你自己设身处地想一想就清楚了：假如你正在办一件很要紧的事情，然后有个人偏偏在这个时候找你聊天，还都是对你正在办的事情一点帮助没有的扯闲篇，想来你也不开心吧，再加上你正在手忙脚乱，本身就已经心烦气躁，你只想让这个人闭嘴。所以不要老是站在自己的角度，老觉得“我这样给她扯闲篇是在转移情绪”，你想的可能和女孩子的想法正好相反。如果我是你，我会对她说：“实在不好意思，之前你明明在忙但是我还一个劲地找你尬聊，是我耽误了你的时间，我感觉到你的情绪不好了，给你添麻烦了吧。”她一般会不好意思，说没有没有，但是其实她已经偷偷在心里给你加分了。这时候就可以说了：“别客气了，我是真的做得不对，我请你吃个饭赔罪吧，正好也当庆祝我们成了校友了。”你看，态度是不是逆转了？还顺带确定了一场约会？

第六章

长期关系

Changqi Guanxi

爱情，从来不是从遇见某一个人开始的，而是从遇见自己开始的。找不到自己的人，永远也遇不到“对的人”。我看到太多的人在抱怨，抱怨现在的女人太现实，抱怨真爱在现在快节奏的社会根本就是虚无缥缈。这的确是个疯狂的时代，但是我也知道，性，能减少我们的空虚，带来快乐。唯有爱，才能带来恒久的幸福感。

6.1 爱情的三个阶段

6.1.1 亲密，承诺和激情

沈从文说：“我行过许多地方的桥，看过许多次数的云，喝过许多种类的酒，却只爱过一个正当最好年龄的人。”

其实沈从文婚后也有感情故事，但他写的这句话，打动了无数男女的心，包括我。

但是究竟是什么样的感情，才能让人有，“遇到她之后，所有其他的人都变成了将就，而我不愿意将就”这种感觉。

美国耶鲁大学社会心理学家罗伯特•斯坦伯格（Robert J·Sternberg）提出的爱情三角理论（Triangular theory of love），认为爱情由三个基本组成部分：激情、亲密和承诺。如果你的目的只是保持短期关系，那么，你只需要学习如果通过学会自我建设，聊天和约会技巧来构建吸引，达到“激情”这个层次就好了。

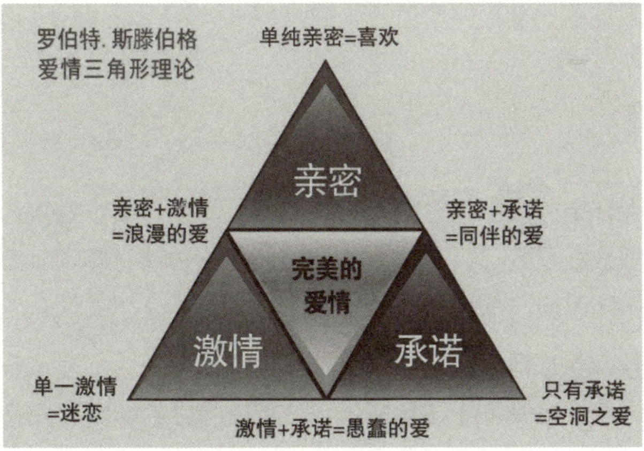

但激情总有一天会慢慢消退，但是“爱情”不会。所以在长期关系中，我们要重点把握的，是通过交流和磨合带来的“亲密”，以及通过逐步共同建立的价值观带来的“承诺”。

6.1.2 爱情的开始 – 愉悦

任何关系的开始，包括友情与爱情，都是从相互吸引开始的。

我曾经在上课的时候问过大家一个问题，如果男女关系从 1 分～ 10 分，1 分是路人素不相识，10 分是山无棱天地合乃敢与君绝，那么，你跟一个异性关系达到几分就可以发生性关系了。大多数的回答都是 6 ～ 7 分，

而我可以负责任的告诉大家，3 分就可以了，因为这个时候已经建立了初步的吸引和舒适感。

相处愉悦的第一阶段，是相对容易的一个阶段，我们可以通过聊天、约会等方式迅速建立吸引。

所以我们总是说“你若盛开，蝴蝶自来”，也总是说“恋人不是追来的，而是吸引来的”。

爱情是从遇见真正的自己开始的。

6.1.3 爱情的进阶－包容

很多人开始一段感情之后，很快就遇见了这样的困惑。为什么感觉对方不是那么在乎自己，热情削减很快，或者为什么感觉对方把自己看得太紧，压缩了自己的生活空间。

这正是因为感情来到了第二个阶段，双方在经历了荷尔蒙大量分泌的热恋期之后，享受完了彼此的优点，双方身上的缺点和性格冲突开始不断显现出来，这个时期俗称磨合期。

你果断，我犹豫；你洁癖，我邋遢；你热情，我冷漠；你爱户外运动，而我有点宅。两个人会因为彼此的一些闪光点相互吸引而在一起，但是相处不久后，我们会发现，恋爱有权利享受对方美好的那一面，但同样也有义务承接对方糟糕的那一面。

我还记得我跟我妻子磨合最严重的时候，是大四的下学期，我开始在校外租房子并跟她一起住，本来以为是很幸福的事情，但我低估了两个从小在不同家庭环境下长大的孩子，因为生活习惯不同导致需要磨合的点有那么多，于是，我们经常有这样的对话：

“亲爱的，我饿了，你帮我煮盘饺子吧。”

“好。”

“你为什么煮饺子要放盐呢？”

“哦，是因为煮饺子前放盐会让饺子不粘连。”

“你这不对吧，我妈煮饺子从来不用放盐。”

“怎么不对啊，我妈从小就教我煮饺子放盐。”

“你妈说的不对吧，煮饺子放盐会让饺子汤变味儿的。”

“我妈怎么说的不对了，我妈煮的饺子就是很好吃。”

“没有啊，没我家做得好吃，就是不应该放盐。”

“你怎么这么说话呢，你什么意思啊。”

……

然后就是一次莫名其妙的争吵。相信我，如果你还没有跟一个异性长期同居过，你肯定无法估量这种磨合的情况，小到袜子脱下来放哪儿，大到晚上最晚几点回家，都可能引发你们剧烈的争吵。

如果对方吸引了你，你最多可以说，你喜欢上了对方。如果没有对彼此缺点的包容，对对方错误的一些忍让，怎么能够达到爱情。

6.1.4 爱情的升华 - 守护

曾经，一个电视剧用它的爱情理念感动了很多人，这个电视剧是《何以笙箫默》，何以琛和赵默笙 7 年的等待，感动了无数人。

我们经常在现实生活中看到了这样的剧情：两个明明彼此相爱的人，却因为两地相隔久久不能见面而分开。

毕业季又有人称为分手季，并不是因为面临毕业的恋人们不相爱了，而是因为相比在校园里简简单单陪伴的爱情，出现了很多现实的考量，在一次次事业、家庭与爱情的博弈中，青涩年华的爱情，败下阵来。因为人的一生中，毕竟不是只有爱情。

如果因为现实的考量放弃了漂泊的爱情，我们又何忍苛责。但是，那些大荧幕上的爱情之所以珍贵，正是因为双方的坚强，守护住了爱情。

人生中有种种的无奈，一个人的能力毕竟有限，很难在同一时刻保证对梦想的追求，对责任的守护以及对正直的坚守。所以在《致青春》中陈孝正放弃爱情远赴美国时，我们只能接受；所以在《那些年》中柯景腾无奈面对沈佳宜，让穿上别人的婚纱的时候，我们只能叹息，因为那时候他们都太青涩，不够坚定，所以抱憾终身。

所以，想要守护爱情，我们需要足够的历练，足够的成长。让自己

变得坚定，尤其是感情观和世界观；

变得强大，强大到可以有能力，守护身边的人。

6.2 你们表达爱的方式相同吗

在我做情感咨询的过程中，总是遇到恋爱中的男女对于另一半各种各样的不满。

女生会抱怨：他工作一天回家后，窝在沙发上一句话都不愿意说，我跟他分享一些生活趣事他也是爱答不理，他是不是不爱我了？

男人们也会不解：我忙忙碌碌也是为了这个家，为什么她总是不能理解我，却非要让我去做这做那？

观察情侣双方的行为，会觉得往往处于长期关系中的情侣，感情的淡化和消磨，不是因为大的原则性问题，而往往体现在这些相处细节中：一方面觉得对方不懂自己想要什么，一方面又觉得对方的要求无理取闹。

其实，这本质上是因为不同的个体，表达爱和关注的方式不同，换言之，表达爱的语言不同，当恋爱中的双方在用不同的“爱语”表达对另一半的在乎时，都会同时觉得自己的付出没有得到对等的回馈，从而对一段感情感到低落和消极。

就如同在结婚纪念日的时候，男人觉得价格才能表达爱意，女人觉得用心才能表达真诚。于是男人给女朋友直接买了个奢侈品包包，女人给男朋友亲手做了一顿晚餐，不了解对方“爱语”的两个人都觉得自己的真情被辜负。

在美国《出版社周刊》资深编辑盖瑞•查普曼的理论中，把人们表达爱意的方式划分成了5种，也就是“爱的五种语言”，处在长期关系中的两个人，需要找到彼此接受爱和表达爱的方式，才能达成舒适和平衡的关系。

这五种语言分别是“肯定的言辞”“精心的时刻”“接受礼物”“服务的行动”“身体的接触”。如果双方的语言不一致，表达爱的时候，另一半就如同听“外语”一般，自然不可能得到认可。而残忍的现实是，很少有双方的主要爱语都是同一种，所以需要找到彼此的爱语。

1. 肯定的言辞

心理学家威廉·詹姆斯说过，人类最深处的需要，可能就是感觉被人欣赏。有的人在社会需求中，最渴求的就是被尊重被认可，所以ta可能是一个物质欲不强的人，可以接受现实利益的让步和妥协，但是如果让 ta 捕捉到你对 ta 的负面评价，ta 马上就会火冒三丈。在长期关系中，男性往往会比较偏向这个爱语，他们希望在一段关系中被认可，希望在喜欢的姑娘面前自己显得很“男人”。面对拥有这种爱语的恋人，需要对对方的付出多提供认可和赞美，不要把对方的行动当作理所当然，要更多地给予正向反馈。

2. 精心的时刻

精心的时刻指的是双方共享的美妙时刻和美妙回忆。在这段时间里面，放下手机和 wifi，把你的全部注意力都给予对方。这种爱语的缺乏更多体现在男性对女性上，现代社会让人忙碌且焦虑，很多男性认为只要努力工作，维系好这个家庭，对方就应该认可自己的良苦用心，从而忽略了交流的必要性。

据统计，一个男人一天大概说 7000 句话，而女人需要说 20000 句，在工作中消磨了巨大精力的男人，回到家里，往往就不愿意去听妻子的碎碎念，妻子的表达得不到丈夫的重视，更加容易激化情绪矛盾。所以，跟另一半交流的时候，提示自己做到以下几点：当对方说话的时候，保持目光接触；不要一边做别的事情，一边交流；注意对方描述一件事情时所表达的情绪，且保持情绪的共鸣；观察对方的肢体语言，以及肢体语言所表露的情绪；对方结束一个话题之前，不要打断对方。

3. 交换礼物

在重要的节日交换礼物是一件很有仪式感的事情，这种仪式感和这件礼物都会成为你们双方关系的黏合剂。礼物可以是具体的一件物品，也可以是一次周末出行等虚拟的感受。当然，挑选礼物同样是一个值得注意和考究的事情，在本书的第二章《To 男生，不要再送女生这些礼物了》这一小节中，详细讲述了如何挑选礼物。

4. 服务的行动

简言之就是：做你的另一半想让你做的事，通过生活中的服务使 ta 高兴。

恋爱能力 max 的暖男暖女们，正是满足了对方的这一点爱语，从而获得了极高的评价。

这种服务的行动往往是生活中的小事，可能是随手倒一下昨天的垃圾，天冷的时候主动给对方倒一杯热水，闲暇的时候主动去遛一遛一起养的小狗，别看都是小事儿，如果能提醒自己主动去做，会让对方觉得爱意满满。

5. 身体的接触

身体的接触主要指拥抱、接吻、性生活。性生活对于一段感情的重要性不言而喻，但绝大多数人，在性话题上羞于启齿，不太敢袒露自己特殊的性癖好，也羞于去主动想方设法满足对方。而谈恋爱往往谈的是情绪，双方如果是身体上十分契合，会极大程度避免因生活的琐碎摩擦带来的争执。

列举完了表达爱的五种方式，很多人会想知道，如何判断自己的伴侣是用那种语言来表达爱意，你不妨试试如下几种方式。

① 想想你以及你的伴侣做过什么事情最能伤害彼此，这也可能就是你们最在乎的语言，与之相反，这可能就是你们的爱语。

② 恋爱中，双方最经常提出的诉求是什么，最希望双方用什么行为满足彼此，这种请求可能就是你们的爱语。

③ 你们最常用什么样的方式对另一半表达爱，自己表达爱意的方式，就是属于各自的爱语。

6.3 异地恋，如何维系

首先，我要对所有坚持异地恋的人们致敬，

因为只有经历过的人，才知道这段过程有多艰辛。

维持异地恋不容易，要求双方彼此信任，

承担责任，有原则，懂沟通。

有相关数据表明大多数处于异地恋的人分手的概率会比较高。

作为一个情感咨询师，本节将从过去我经历的种种案例中，总结一些通用问题和解决方案。

6.3.1 没有安全感

异地恋的爱情相隔千山万水，对方难过时，只能通过短信、电话传达安慰；对方无助时，也只能手握电话默默听着另一头传来的哭泣。久而久之，很容易因情绪不同步导致安全感的缺失。

解决方法 1：给你们的关系定下一些原则

在一个关于异地关系的研究中，发现半数以上的被调查者没有设定行为原则，因为不能应对变化而导致的分手。虽然设定原则并不能保证双方一定会遵守，但是会增强坚持的信念。

常见的异地原则包括：不能单独与异性进行非工作的约会，每天都要保持沟通，以及维系定期见面等。

解决方法 2：建立信任预期

异地恋坚持下去的一大前提是双方必须坚定地信任彼此。但另一方面因为不能及时沟通，异地恋的信任会变得更加脆弱，可能一段风言风语，一个暧昧信息就足以摧毁多年的感情。

所以，异地的双方要建立信任预期，以便出现情感危机时，你们之前构建的信任基础可以抵抗这些风险。

如果你平时在朋友和对方面前就是一种不靠谱或者把持不住自己的形象，那么信任崩溃的成本就非常低。所以，要做到平时任何信息不要隐瞒，比如有异性追求，因为工作原因要和异性独处等，都要及时同步，这样即便对方当下可能心情会不爽，但过后会对对方更加放心。

解决方法 3：不要试探对方

恋爱的时候，很多女生会通过各种手段来试探对方，让对方证明有多爱自己。比如无端吃醋，翻旧账，追问对方跟前任关系等。这些行为在彼此陪在身边时可能还会是一些小情趣，但是身处异地时，这些话题会加重双方的不安全感，导致亲密度降低。

解决方法 4：给生活定下规划，不要让寂寞有机可乘

在各个情感故事里，异地恋的悲剧往往是因为某一方觉得寂寞而开始动摇。

异地恋多数是发生在校园时代，这时候其实有学业、爱好、社团等多种方式可以填充闲暇时间，彼此都不要让独处的寂寞侵占了个人思绪。

解决方法 5：千里寄相思

时不时地邮寄一些礼物给对方，不在于多昂贵，亲手送出的礼物可以加深彼此的联系感。每天早上一起床，喝水用的杯子还镌刻着远方的她传来的思念。

一个人受了委屈时，想要一个温暖的拥抱，虽然他不在身边，就抱抱他送你的那只毛绒大熊。

解决方法 6：远离“烂桃花”

朋友圈子中传递你有男 / 女朋友这个事实，和对你有好感的异性保持一定距离，如果你对这段感情是真心诚意，就让“烂桃花”远离你的生活。

解决方法 7：定期见面

要知道，再温暖深情的短信，也不及一次面对面的约会。

异地恋一定要保持定期见面的频率，而且要提前定好日期。不管是半年一次还是一年一次见面，这种对未来某一天要见到彼此的心情，是异地恋的强心针。

6.3.2 沟通没话题

在我做情感咨询的过程中，很多处在异地恋的人经常会问的一个问题是：虽然约定好每天都要聊天，但是久而久之，发现彼此已经没有什么话题，只剩下干巴巴的“我想你了”，感觉感情越来越淡薄，应该怎么办？

解决方法 1：有情绪及时同步

除了打电话、视频通话这种“同步交流”外，微信主要承担“异步交流”的工作。不要觉得想跟对方说话的时候 ta 没有秒回就不开心，习惯把自己的一些情绪传递给对方，比如工作获得成就的兴奋，参加了一个有意义活动的开心，遇到不如意事情时候的低落。

这样做，一方面可以及时传递自己的感受，避免出现“本来想说什么，结果忘了”的情况，另一方面可以让对方更贴近你的生活。

尤其是异国恋的时候，即便对方是在晚上休息时间，你可以把你当下的情绪传达给她，等到她醒来的时候看到信息并回馈。双方建立了这种沟通模式，会让你们的交流更加生动而真实。

解决方法 2：制造共同话题

异地恋的时候，因为双方生活的不同步，没有共同朋友，会导致没有话题，这时候需要我们去主动制造。

其实，即便异地也是可以“约会”的，比如在某个电影上映的时候，约定同一时段去各自城市的影院看这部电影，在散场后打电话交流。

再比如：一起学一项技能，比如瑜伽，日语，然后分享彼此的新的体验；

一起追一部电视剧，每次更新的时候，煲电话粥讨论剧情；

一起玩同一款游戏，如果你的另一半本来就喜欢游戏，这个行为可以极大地增强双方的亲密感。

6.3.3 对未来缺乏预期

一段感情中，往往女生比男生早熟，如果一个人已经在考虑未来婚姻生活的规划，另一个人还处于“一个人吃饱，全家不饿”的阶段，那这段感情很容易失衡。

解决方法：对未来的清晰规划

对于未来生活的愿景，是你们不该逃避且经常聊的话题。

包括：未来要在哪个城市工作、定居，未来两三年想去哪个城市旅行，什么时候去拜会双方父母等。

最后，异地恋最最重要的一点：有明确的结束异地的时间节点。

没有人能真正承受得起遥遥无期的异地状态，如果对这段感情负责，两个人就要建立何时结束异地恋并在同一个城市共同生活的时间节点。这样，双方才能够正向心态的为“结束异地”这个目标共同努力。

最后，愿距离和时光都能不负深情，所有身处异地恋的情侣们都能修成正果。

6.4 女人想要的安全感，到底是什么

前一段时间，我收到这样的一个问题？

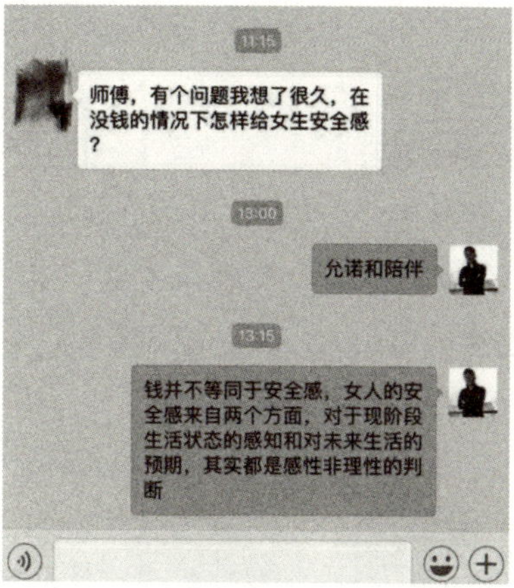

回答完之后，他若有所思地离开了，而我也陷入了深思，对这个回答，我觉得太简单且不透彻。

什么是安全感，当女生说她们缺乏安全感的时候，她们到底在表达什么？

我想，每个男人都想知道这个问题的答案。

① 我想我的朋友大成对安全感的理解可能要比别人更深刻一些。大成有一个恋爱 3 年的女友，很可惜在前不久变成了前女友，至于理由，就是这个经典的“跟你在一起的时候，没有安全感。”大成很抓狂，逢人便问“怎么就没有安全感了，这不相处的挺好的，她说没安全感到底几个意思啊？”终于，不久之后，大成的这种责问传到了她前女友耳朵里，于是前女友发了一大段语音给他，诉说了那些安全感一点点消弭的瞬间。

去年过生日的时候，在一个月前你就说过一起过，然后当天晚上去参加了你“非常重视，希望我能理解”的 lol（一款游戏）比赛，我理解了。过年的时候，跟父母起了点冲突，给你打电话想倾诉，你挂断了，我觉得你可能在忙，于是微信留言给你，让你有空的时候回我一个电话，你说好，然后再无下文。上个月我工作中被同事背后捅了刀子，哭了一下午，给你发信息问你能不能一下班就来接我，然后等到凌晨你也没回，后来你说你跟同事聚会喝酒去了，一时间忘记了。说到后来，大成前女友带着哽咽：现在，你知道我为什么没有安全感了吗？大成沉默了，默默地抽了根烟，不再碎碎念。

② 前面提到了如何维系异地恋的话题。其中提到了很重要的一点就是“有效沟通”。异地恋本身状态就是经常不见面，缺乏安全感。所以每天煲电话粥成了异地情侣的必备功课。开始还可以甜甜蜜蜜，但这种状态持续久了，发现已经没什么话题可以聊，只剩下翻来覆去的“我想你了”。于是，有的男生会选择逃避电话，逃避这种缺乏感觉的沟通，也不愿意主动去改善沟通方式，采用故意玩儿失踪，或者搪塞自己“很忙”。忙什么呢？或许是玩游戏，或许是跟朋友打球，总之，没空。没空听你的碎碎念，也没空回复在我看来不重要的信息，安全感就在这种情境下被消耗。我需要你的时候，你总是不在。

③ 作为一个情感咨询师，总是不时有女生跟我“吐槽”男朋友的一些缺点，想求得解决之道。其实无非就是一些看起来鸡毛蒜皮的小事，比如小 C 跟我吐槽过的两件事情她每次买了新衣服，或者是新到了化妆品，都满心欢喜得赶紧试用，在镜子前转两圈之后，美滋滋地问男朋友：“怎么样，好看吗？”然后身旁的那个他，专注地玩着游戏，头也不抬得说“好看好看，你穿啥都好看。”小 C 跟我说，那时候她的感觉就好像是刚发现新买的裙子在淘宝上打了五折，愉悦的心情一下子被失落掩埋了。还有一次，两个人一起出去吃饭，落座后，小 C 拿起了菜单，对面而坐的男朋友自然而然地拿起了手机，开始玩“王

者荣耀”。这家餐厅是两个人第一次来，小C一边看菜单一边不停询问：“这里的抹茶蛋糕看起来不错，要不要点一个？”“这个烤鸡看起来很好吃，可是最近要减肥，好矛盾”“你有什么想吃的，要不要看一眼菜单？”而对坐的男朋友，口中的声音只有“嗯”“好”“随你”，眼神一直没有离开手机。终于，小C生气了，两个人在大庭广众下爆发了争吵。小C男朋友言之凿凿地责问小C“为什么每次你都把这种小事闹大”。类似的场景还有很多，我提供过很多建议，不过还是阻挡不了两个人分手的事实。所谓安全感，我想很大一部分应该是“当我表达的时候，我希望你在听”。

④ 我知道，上面的一些事例，肯定会被很多人认为，安全感就是爱情当中的“作”。或者像一部分人认为的那样，安全感是建立在物质基础上的，与房子、车子、每个月的薪水有关。但这样的解读未免太肤浅，安全感本身作为一种感受，就是非理性的存在。这个世界万事万物都如此不明朗，我们在恋爱中，想要找寻那份专属于一人的清晰和肯定，想要在迷茫和彷徨的时候，有个声音让自己坚定勇气；在遭受委屈的时候，有个温暖的怀抱；在感受失落的时候，有个人能站在你身前，允许你片刻不那么坚强。

6.5　适不适合结婚，一次旅行就知道

日语里有个词儿叫做成田分手，なりたりこん，因为很多日本情侣喜欢出国度蜜月，成田机场是起飞和降落的地点。

很多新婚夫妇在蜜月旅行回来后，落地成田机场，然后就直接分手了。

在中国，也有“恋人在结婚之前应该经历一次旅行”的说法，原文出自《围城》：

“结婚以后的蜜月旅行是次序颠倒的，应该先共同旅行一个月，一个月舟车仆仆以后，双方还没有彼此看破，彼此厌恶，还没有吵嘴翻脸，还要维持原来的婚约，这种夫妇保证不会离婚。”

实际上，在现代中国，旅行后容易产生冲突，滋生矛盾导致分手，也是屡见不鲜的事儿。旅行是一个催化剂，更是一个高效率的三观检测机，短暂而快速地磨合两人。

三观契合的话，会更加亲密，三观不合的话，会发生冲突，一些掩盖在甜蜜爱情中的性格劣势，都会在一次旅行中显露无遗。

比如旅行分工，如果是一方处事周全主要策划流程，一方耐心细致在旁提建议，那是最好的节奏。如果双方都属于主见太强，很容易造成互不让步的局面，估计可以从“旅行带多大的行李箱”一直吵到“要不要去逛机场免税店”；如果双方都是懒虫属性，则容易因为疏于安排，导致旅行当中的一次次意外频发，飞机晚点、餐馆不好、景点排队、遇到伤病，这一次次小意外都是旅行当中的定时炸药，如果同行的那个 ta 不是很靠谱，说出诸如“我早就说了这样不行”的话，会让一对热恋中的情侣马上心生厌恶。

比如生活习惯，旅行是一次小小的同居，热恋的情侣们，往往意识不到生活习惯的差异会造成怎样的事件发生，而经历过几天的日夜相处，双方可以就“马桶盖要不要盖上”“可不可以穿牛仔裤坐在床上”“早上 6 点起看景点还是睡到自然醒”发生一次次的冲突，让本来甜蜜的旅行显得疲惫不堪。

美国 CNN 旅行频道有过一期节目，总结过 15 件旅行中最让人后悔的事儿，避免恋爱中的情侣因为这些细节发生争执。

1. 行李带太多

英国一个调查表明，旅行结束时，2/3 的人表示行李箱中有部分衣服没穿过。

除此之外，不管是自己觉得路上会看但是一次都没翻过的厚重的书，还是在旅行第一天就带上路的太多特产，不必要的行李让一次旅行变得臃肿。

尤其是旅行归来的时候，把大大的行李箱背回家，发现让自己不堪重负的东西竟然一次都没用过，绝对会气不打一处来。

2. 没检查证件

因忘记带证件导致不能上飞机、火车，除此之外，国外的很多购物场合退税也是需要随身带护照的。

3. 找不到预定的酒店

尤其是出国旅行的时候，地图软件定位不准确，又不知道该怎么问路，出门第一天就碰了一鼻子灰。一定要记得打印订房明细，便于找寻路线，而不是事件发生后，两个人在旅行的开始就相互埋怨。

4. 晒黑

没去过热带 or 海边的人，会低估了紫外线的功能，一定要带好相应的防晒霜和隔离霜，如果身边的女生皮肤被晒黑导致心情不好，基本上是无计可施的。

5. 没有深度游

一天定 10 个“必玩景点”，每个景点都走马观花看一遍，无法深刻体验当地的风土人情，还让自己的脚走得酸痛不已。

6. 买太多纪念品

很多在旅游景点花高价买的纪念品、装饰品，带回到家里后只能起到落灰作用。

7. 乱吃路边摊

当地的特色小吃还是要多试试的，但是要注意卫生情况，一旦吃坏了肚子，旅行中如果不善于照顾病人，就更加容易导致冲突。

8. 机票买贵了

旅行最开始要安排的，就是来回的机票，因为这往往会占到旅行支出的大头，越早购买越便宜。

9. 穿的鞋不舒适

不要在旅行之前觉得新鞋拍照好看就穿新鞋，如果是女生发生这样的事情，男生还能浪漫地背着她走；如果是男人的话……

10. 没买保险

旅行中难免会遇到各种延误和纠纷，一份保险花不了多少钱，但是可以避免很多不快乐。

11. 酒店交通不便

大多数酒店的宣传语都是“靠近市中心”，不要轻信这句话，最好提前定位一下，查好路线，否则打车费也会占据你这次出行支出不少的比例。

12. 各种瓶瓶罐罐没拧紧

洗漱用品密封不严，一行李箱的物品跟着遭殃……

13. 忘了办电话、网络套餐

尤其是两个人自由行的时候，没了 wifi 会让习惯了网络的现代人抓狂。如果是国内旅行，记得办理临时全国套餐；如果是国际旅行，到机场租一个移动 wifi。

14. 过度依赖各种指南、攻略

参照他人的攻略时，一定要结合自己的喜好。

15. 见啥都拍照

这是很多人的通病，每遇到一个景点，每上一道新菜都要掏出手机拍个不停，或者每到一个景点都要求对方给自己拍一组完美的照片用来发朋友圈，全然不顾把旅行大部分时间都花费在了拍照上，对方的脸色也会一直很难看。

情感答疑

问：

老师，紧急求救！我的女朋友平时社交圈子广泛，经常和一些男性保持着紧密的联系，问她她就说是朋友关系，只是大家玩得很开心。后来我发现她和我在一起时也经常和其他男生聊微信，有一次我偷偷翻看她手机，发现近期她和十几个男生都在聊天，聊天中情绪也特别好，她发现之后和我大吵大闹，然后删除了聊天记录换了手机密码。我现在感到十分不安全，我是不是被“绿”了，要不要分手？

答：

你好，在回答这个问题之前，我们不妨先想一个问题：一个女生，身边围绕着十几个男生，正常吗？虽然这个答案比较难接受，但是我要告诉你，这种现象十分正常。尤其在漂亮女生周围，有了男朋友依然被十几个人追求简直是标配。我的女朋友和我在一起之后，即使发了朋友圈表示脱单，每天依旧平均收到三个人的搭讪，而且之前的追求者革命尚未成功，他们还想再抢救一下。这样看来我似乎更应该去翻她手机找蛛丝马迹。但是如果我这么去做，我根本不会留住她，我甚至会把她推得更远。因为我在长期关系中对她疑神疑鬼，这是一种低价值的体现。你的竞争对手本来就数量众多，千万别再自己给自己找事。我们首先要给她画一条线，告诉她你可以有你自己的生活和朋友，但是和我相处时，请不要低头玩手机去和你那些朋友聊天，单独和其他男生出去玩可以，但是请事先告诉我一声，我也放心你的安全问题。你的问题在于，你在她面前暴露了不安全感，甚至采用了偷看手机这种不尊重他人隐私的行为来观察你女朋友的生活。这样的举动十分没有礼貌，女朋友和你发火，删除聊天记录并且更换密码不一定是心虚，很有可能是因为你的行为让她反感了。首先，先去找你女朋友，对你翻看手机的行为道歉，然后向她直接说明你的行为是因为你很在乎她，担心她和你分开。如果她心早有所属可以离开，但是如果她只是性格活泼喜欢和人打交道，请尊重她的生活，制订你们相处的规则。和恋人相处千万不要内心戏太多，你的顾虑如果不坦诚说出来，单凭自己臆想采取行动只会恶化你们的关系。

问：

求回答，我和男朋友是异国恋，本来说好假期他飞回国来陪我，但是由于大使馆工作方面的问题导致他行程出了问题，假期回国的计划估计要泡汤了。他的负面情绪特别大，一直都在自责，和我聊天也是意兴阑珊。我很着急，请问有没有什么方法能够让我们的关系度过这次波折？

答：

转移伴侣负面情绪的三段论：

第一步：实力甩锅。你们之间的问题，不是你不懂事要他在短暂的假期还要飞回来陪你，也不是他自责不能回来照顾你。你要给这件事找一个背锅侠，你和你的男朋友站在一条战线上“吐槽”这个背锅侠。这个背锅侠是谁呢？大使馆。是因为大使馆办事不力坏了你们的好事，反正大使馆也听不到你们“吐槽”，尽情地把锅甩给它，让男朋友走出自责。你可以对他说：“别自责啦，这哪是你的问题，明明是大使馆工作效率有问题，多简单的一个事都处理不好。太讨厌了！”

第二步：巩固战线。你经过第一步的甩锅，现在已经和男朋友处在了同一条战线上，你要把握住这个机会巩固你们的革命友谊，加深你们的关系。在“吐槽”完之后，等他负面情绪宣泄完了，你可以柔声安慰他：“亲爱的，我们感情这么好，也不差这一两个月。这不马上就到暑假了嘛，暑假我们一起出去旅游啊。想我又不一定非要见到，我多和你视频呀，让你多看看我的样子。两情若在长久时，又岂在朝朝暮暮！”

第三步：亡羊补牢。男朋友很自责，他在自责什么呢？他自责的本质是他没能为自己喜欢的女生做点什么。那么既然不能回国这个事情已经不可改变，我们不妨换种方式让他为你做点什么，解开他心里的结。你可以说：“哎呀我听说你那里的一个特产特别好吃，国内很难买到，你可以帮我买一份邮寄过来吗？我一直都很想尝一尝，如果能的话就太好啦。”这样，男朋友不会认为回不了国是自己的原因，而且也用不费力的方式满足了你一个心愿，他会很开心，你们的关系也顺利度过了这次波折。

问：

老师，有个事情很不好意思说，但是十分困扰我。我和女朋友相恋两年了，周围有伴侣的朋友们早就发生了关系，但是她一直迟迟不和我发生关系。每次我主动提出来她都是闪烁其词，转移话题。我很苦恼，我们之间出了什么问题呢？

答：

女朋友为什么在你每次提出发生关系时闪烁其词，甚至开好房临时反悔呢？道理其实很简单，你只顾着满足自己的需求，没有考虑女孩子内心的顾虑。女孩子特别害怕的事情是在恋人的眼里自己是很随便的，因为她们用矜持的方式来应对，如果想要解除她内心的这种焦虑，需要把你的行为合理化。设身处地的想一想，你是个女孩子，你的男朋友如果直接和你说：“宝贝我们这次出去啪啪啪吧！”你怎么回复？你什么感受？你会觉得左右为难，你不答应你男朋友怀疑你不爱他，你答应了又觉得自己有点随便。所以你直接和女朋友谈这个事情是很不合适的，你会让女朋友觉得很尴尬。你需要营造一个氛围，给女孩子一个借口，然后把发生关系这件事理所应当的进行了。你们可以一起出去旅游，然后在晚上休息的时候，在床上一起拿手机看个电影，或者听听音乐，等气氛烘托上来了，试探性地去搂她，去抱她，然后……咳咳我就不讲怎么挑起情欲了。性这件事情，你要先做到99%，最后的1%交给她来完成，而不是你和她坐在谈判桌前，一人持50%开始谈判！

第七章

矛盾处理

Maodun Chuli

俗话说：相爱容易相处难，是因为在最初进入一段长期关系的时候，双方更多地被荷尔蒙和多巴胺所蒙蔽，眼里只能看到对方好的一面。但是随着时间推移和两个人的磨合，爱情不那么美好的一面就慢慢展现出来，面对恋爱和婚姻中从生的矛盾，我们该如何处理呢？

7.1 婚前必问的 15 个问题

之前收到一个知乎粉丝的来信，在沟通中，她说跟她男朋友认识 4 年多，已经订婚且决定了下半年结婚，好像一切都很顺理成章。但是男朋友出现了跟别人暧昧的行为，她不知道这关系该不该继续下去，于是求助于我。

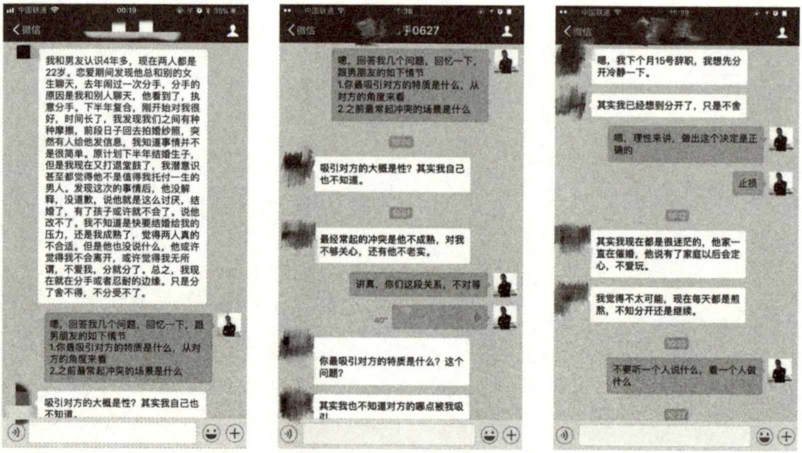

其实很多热恋中的情侣都有如上类似的问题：在没有冲突的象牙塔里无比恩爱，以为婚姻等同于爱情，有情饮水饱。直到开始面临冲突和矛盾的时候，才开始反思一段关系，是否适合走入婚姻。

就跟上图里这对情侣一样，结婚原因是“男方家里在催婚”，而非本人的主观意愿。

但是对于双方是否已经准备好走入婚姻状态，还有什么需要调整的地方，一无所知。等到仓促走进关系后，才发现婚姻比想象中复杂，但是想要改变的成本又太高，悔不当初。

“婚前必问的 15 个问题”原载于《纽约时报》，是美国研究婚恋的心理专家们提出的。是一连串考验双方三关是否一致的问题，这 15 个问题，不是简单的 YES 和 NO；不是表决心，是需要双方达到高度共识，并有详细的计划。

① 我们要不要孩子？如果要，主要由谁负责？

② 我们的赚钱能力及目标是什么？消费观及储蓄观会不会发生冲突？

③ 我们的家庭如何维持？由谁来掌握并解决可能出现的风险？

④ 我们有没有详尽地交换过双方的疾病史？包括精神上的。

⑤ 父母的态度有没有达到我们的预期？会不会给足够的祝福？如没有，我们如何面对？

⑥ 我们有没有自然、坦诚地说出自己的性需求、性的偏好及恐惧？

⑦ 卧室能放电视机吗？（泛指一切生活习惯上的差异，如，养宠物意见不一，口味不一样，睡觉打鼾，一个爱收拾一个乱放东西）

⑧ 我们真的能倾听对方诉说，并公平对待对方的想法和抱怨吗？

⑨ 我们清晰地了解对方的精神需求及信仰吗？我们讨论过孩子将来的教育模式吗？

⑩ 我们喜欢并尊重对方的朋友吗？

⑪ 我们能不能看重并尊敬对方的父母？我们有没考虑到父母可能会干涉我们的关系？

⑫ 我的家族最让你心烦的事情是什么？

⑬ 我们永远不会因为婚姻放弃的东西是什么？

⑭ 如果我们中的一人需要离开其家族所在地陪同另一人到外地工作，做得到吗？

⑮ 我们是不是充满信心面对任何挑战使婚姻一直往前走？

当然，所有的这些问题，都是建立在双方相爱的基础上，否则根本没有必要。讨论的意义在于：婚姻中会有很多已知和未知困难，我们如何并肩面对？当彼此缺点暴露的时候，我们如何宽容对方，如何求同存异？如果你们貌似热烈的爱情害怕这些问题，那么就无法转入婚姻。很多热恋中的情侣一方面太强调爱情的神圣化，认为有情饮水饱，爱是治愈一切的良药，一方面又低估了婚姻的复杂程度，推崇务实而速成的婚姻，才导致了现代社会的离婚率提高。以上 15 个问题都是基于美国家庭构造，基于中美的国情不同，婚姻观也有所差异，因此个人认为中国情侣婚前还需要加入如下问题：

① 父母的问题：结婚后是单独出去住还是跟父母住在一起？小家庭的决定是否可以不受父母影响（比如装修，工作等）？除夕去谁家过年，必须在男方家里，还是一年一家？

② 房子的问题：是不是结婚前一定要买房（北上广深情侣常见问题）？房产证上写谁的名字？需要共同还贷吗？

③ 孩子的问题：打算什么时候生孩子？孩子出生后，请月嫂带，还是双方父母过来帮忙？父母教育孩子的思路跟自己有差异，怎么办？如果短期之内不打算要孩子，双方能否共同抵御父母压力？孩子可以跟女方姓吗？

④ 理财的问题：双方的收入如何分配？谁来理财？购买多少价值以上的物品，需要跟对方协商？

⑤ 异性交往：异性交往的空间多大，是否可以接受单独跟工作中的异性相处？

如果以上的问题让你头皮发麻的话，那你更加需要敞开心扉跟对方来一次沟通，因为把浪漫的恋爱变成柴米油盐酱醋茶的生活，本身就不是一件容易的事儿。所谓相爱容易相处难，在知乎上，一个要不要花钱请月嫂的问题，都能让不同观点的人吵得不可开交，结婚是两个家庭的结合，以上很多问题也跟父母有关，作为一个成年人，需要分清小家庭和大家族之间的界限，才能让婚后生活更加稳定。

7.2　“备胎”如何转正

每当重要节日临近，你是不是已经抑制不住和男女神告白的激动心情了？

我先来泼一盆冷水：如果你的男女神之前只是对你不咸不淡，千万不要去直言表白。

没准这个时候，你的男女神正在紧张地商讨怎么防止你表白，让你安心地当一个“备胎”。

“备胎”，意味着你的男神女神已经对你知根知底，你对他们并没有什么吸引，他们和你的相处秉持着“不主动”“不拒绝”“不承诺”的九字真言。

他们在你这里享受着物质精神的便利，你却得不到他们的心。

这年头，能够安心当一个“备胎”的人越来越少，无数的“备胎”都希望转正却不知道如何下手。

这里，准备了一套三连招，这套三连招成功地帮助好几个“备胎”转正，这里就分享给大家。

不过在这之前，我还是先要打一个预防针：

任何方法，都不可能保证100%的成功率，如果你想要保证完美结果的方法，你现在可以退出了。

这个方法，需要一定的胆量，甚至承担失去一个人的风险，如果你不敢，还想维持不咸不淡的现状，你也可以略过。

7.2.1 第一步：重塑吸引

“备胎”并不是毫无吸引力，只不过长期和男神女神相处，人家已经对你知根知底，丝毫不起兴趣了。

而第一步我要你做的，是展示给他们之前他们没有看到的东西。

你也许之前展示的价值，全都集中在了情感层面：你细心体贴、知冷知热 ...... 但是这些东西，在一开始很难赢得一个人的内心。

展示一些不一样的东西：比如多花点心思打扮打扮自己，多出去玩一玩见见世面，多提升自己的能力发展一下自己的事业。

如果你在这个过程中突然发现，你曾经觉得高不可攀的男女神也就那样，你不需要转正都能找到更好的，这是十分正常的现象。

我们没有想象的那么痴情，我们的感情也不像想象的那么伟大，有时候只不过是世面见得太小罢了。

如果你这个时候还是忘不了男女神，没有关系，通过你的朋友圈，你的男女神此时正在心里头嘀咕：

“哇～，这个家伙什么情况？怎么跟变了个人一样？”

第一步只需要做到让他们注意到你的改变就够了，我们的好戏才刚刚开始。

7.2.2　第二步：形象反转

你的男女神之前可能和你很熟悉，也多少出于面子对你有过一些了解和关照。

不过这些了解和关照都仅仅是站在“认识人”和“朋友”角度上的，并没有内心的波动以及保护欲的产生。

在这一步，我要你把他们内心的保护欲勾出来。

通过了第一步的重塑吸引，你的男女神肯定对你近期的变化产生了兴趣，这个时候保持和他们的礼貌互动，记住：礼貌互动，不要急着表白，不要急着示好。

当他们对你感兴趣想要了解你时，却发现你没有了以往的热情，只是礼貌作回应，他们一定不甘心，想要重新确定一下你的位置。

趁着这个机会，开始你的形象反转。

在你们互动变多后，找一个机会，开始暴露你的脆弱面：

可能是夜聊，可能是喝酒叙旧，也可能是闲聊深入时，反转你之前的阳光正能量的形象，暴露出来你的脆弱，你的压力，你的痛苦。

设身处地的想一想，如果你身边一个阳光向上的朋友突然被你发现他疲惫脆弱的一面，这种反转会不会让你感慨万千？会不会让你心疼，会不会让你同情？会不会忍不住给这个人一个拥抱？

不过，如果他们来安慰你，你要推开他们。

你要告诉你的男女神：我知道你是好意，不过我不需要。我不要占用你的时间精力，我自己一个人习惯就好了。

甚至还可以更绝的说：对不起我失态了，你就当没看见吧。

这个时候，一般人反而会更着急，更心疼，更同情一个人。因为他们看到了：这个人很优秀，但是这个人的优秀背后有着太多的疲惫和无奈，而且这个人很孤独，拒绝来自别人的安慰。

孤胆英雄，是最容易打动人的。

当你成功打动男 / 女神，让他（她）开始为你心疼后，那就证明离成功不远了，因为他（她）对你的情绪已经有了微妙的变化。

7.2.3 第三步：扣动扳机

我们来梳理一下吧，截止到目前我们达到了什么目标。

① 做到了重塑吸引，男女神开始重新注意到你，对你产生兴趣。

② 暴露了脆弱面，男女神开始对你产生同情和关心

③ 推开了男女神，让他们失去了被“备胎”供养的感觉，以及造成了他们安慰不成的焦急。

这个时候，我要你开始一场赌博了，赌局的结果很明显：拿下男女神，或者失去他们。

如果你害怕失去他们，不妨先想一想这个问题：

他们明明知道你的意思，却迟迟拖着不给你回复，你就愿意这样一直吊着陪他们耗吗？你的尊严呢？

这一赌，要么让你收获爱情，要么让你收获尊严。

经过前两步，你的男女神已经对你倾注了越来越多的关心和注意，而且逐渐地被你吸引，他们这个时候也在暗暗地想，其实你真的挺有魅力的。

但是为什么他们还不向你表白？

我来告诉你他们的心理吧：

你是不错，而且现在我开始对你产生了莫名的情愫，但是反正你又不会走嘛，不着急。

我们接下来要做的，就是打破他们的幻想：要么得到我，要么永远地失去我。

这句话说出来，没人能保证对方一定会留住你。

就好像赌博游戏俄罗斯轮盘一样，左轮手枪指着你的脑袋，扣动扳机的那一秒，你不知道是死是活。

前两步操作成功后，找一个机会，最好是深夜，最好能见面，然后说出这段话：

“和你相处了也挺长时间了，我对你有感觉你是知道的，我也敢承认，喜欢一个人不犯法。”

“你过去不愿意给我一个结果，我知道，你也没必要说为什么，这种事不需要你那么多理由的。”

“我也曾经觉得，我自己一个人也可以活得很精彩，事实上也是这样，我正在变得越来越好。”

“我一直秉持着这种想法，直到那次你来安慰我。”

“我以为我已经摆脱你了，但是你出现在我的面前，我的内心还是会动摇，我发现我心里抹不去你的影子。”

“我的年龄已经不小了，在感情这件事上，你也许等得起，但是对不起，我等不起，我不能再这样无结果地耗着了。”

“给我一个痛快吧，如果你觉得我们合适，我也是真的喜欢你，那我们就在一起，把过去错过的缘分补回来。但是如果你真的不喜欢我，那你没有必要再拿着朋友的幌子和我互动来安慰我了，我不缺朋友，更何况你我都清楚，我们不会就当普通朋友。”

“如果你对我没感觉，或者不愿意和我在一起，那么拜托你，永远都不要出现在我生命里了。”

扳机扣响了。

一个被你吸引，为你心疼的人，终于意识到了一件事：要么给你一个承诺，要么就会永远失去你。

相信我，人都是贪婪的，他们舍不得下这么大的狠心，况且一二步之后，你已经对他们产生了足够的吸引。

他们会考虑，会权衡。

如果他们发现，你真的是最合适的，你正在变得越来越优秀，那么他们舍不得丢掉你。

如果他们还是拒绝了，那么以后他们每次看到优秀的你，都会懊悔为什么没能留下你。

和“备胎”的一贯被动的做法不同，这三步，步步都占据主动：

主动提升自己产生吸引——主动引导他们心疼同情——主动下最后通牒。

“备胎”，往往就是因为在感情中太过软弱，所以被人玩弄掌股之间，一直看着别人的脸色行事。

这种方法，反客为主，打破了软弱的地位，所以处处占据主动。

不过没有几个人真的有勇气去完全贯彻这三步，有勇气的都是少数人。

这不可惜，本来爱情这个东西，就是供养强者和智者的奢侈品。

7.3　挽回方法论：二次吸引

在知乎上一直回答各种情感困惑，有人问我被问到次数最多的问题是什么。

“宏桑，我女朋友跟我分手了，我还放不下她，求你帮帮我，怎么才能让她回心转意”。

毫无疑问，挽回前任，是所有情感问题里面，最棘手也是需求程度最高的。

我见过很多失去前女友后情绪崩溃，并痛哭流涕，宣称不顾一切代价也要挽回的少年们；

也见过被前男友甩掉后，信誓旦旦跟我说想把他追回来，再重新甩掉他的少女们。

但是讲真，挽回是所有情感问题里面，最难解决的一类。

因为你们都对彼此太过熟悉，你的优点，你的缺点都了若指掌，追求一个人的时候，最重要的就是通过未知和期待来营造吸引力。而一对相处多年的情侣，其中一方决定分手，也证明了你对 ta 的吸引力基本上消耗殆尽，让对方为你再一次折身而返，难度可想而知。

但是，也不是没办法的。

下面就来剖析一下，面对前任的离去，如何构建二次吸引。

彼此的吸引力是两个人在一起的根本原因。

吸引力是一种情绪的变化，所以，当你能引起一个人情绪变化的时候，那么你对 ta 就是有吸引力的。

当男人喜欢上一个女生的时候，可能是因为她较好的面容，或者活泼的性格而怦然心动。女人喜欢上一个男人，也可能是因为对方的魅力而心驰神往。总之，两个陌生人之间更加容易产生吸引力，彼此发现了各自身上的亮点，进而想去了解和探索更多，进而想参与到对方的生活之中，然后产生了恋情。

然而做到二次吸引难得多。

因为你们两个太过熟悉，留给彼此探索的空间都太少。

举一个例子，你当时选择购买一部手机的时候，会因为它对你的第一次吸引购买，可能是外观、性能、操作系统、价格等。

但是有一天你适应了这个手机所有的优点，并且开始发现它各种缺陷，比如容量太小无法满足诉求，比如玩王者荣耀卡顿而你每天都需要打王者。

深思熟虑后，你放弃了它。

那么，如果让你再次爱上这个被你放弃的手机，建立二次吸引，需要解决如下问题。

1. 解决根本矛盾

首先要去试着解决根本问题，如果是因为手机容量太小放弃，就去扩充容量；如果是因为手机使用者需要打游戏，就去提高性能；如果她是个自拍控，就换个 2000w 像素的前置摄像头。

不解决核心问题，一味地去加额外的配件，是于事无补的。

相同的，思考你们两个分开的主要矛盾是什么，如果是因为生活习惯问题（比如男生总是晚归），那么先问自己是否能改变原有的生活方式；如果是因为观念问题（比如未来几年要不要孩子），那么思考下自己能否在这个观念上让步；如果是因为双方家庭的问题，那么确认下自己是否能说服两个家庭去妥协。

总之，不解决根本矛盾的前提下，即使两个人复合，不久后也会因为重复的问题再次分开。

2. 不要反复解释 & 追问

很多人在被分手的第一时间是惊慌失措甚至是情绪失控的，然后想要第一时间联系到对方，不停地去解释和表达，急于在第一时间去获取对方的谅解。

实际上这种方式反而会加重对方对你的厌恶，因为 ta 当时的情绪还处于对你比较厌恶的时期，不停地打电话和发短信只能加重这种厌恶情绪。

还有，分手的原因不是因为你做错的最后一件事，那只是压死骆驼的最后一根稻草，反复解释这件事，反而会显得你不清楚这段关系出了什么问题。

3. 唤起美好记忆

人在决定分手的时候是理性的，但是如果有比较深的感情基础，在分手初期的一个月内，会经常处于反复的感性状态。

尽管你们可能因为各种原因而分开，但你们在一起的时候，还是有很多很多的美好回忆，这时候，你需要去试着唤醒这种记忆。

如上一条所说，不要急于马上去联系和解释，先等几天时间，让对方先恢复情绪，然后跟 ta 聊一些过去你们做过的浪漫的事情，你们曾经为彼此做出的牺牲和付出，让对方通过这些沟通要走出怨恨情绪，回忆起你好的一方面。

4. 改造生活，重塑吸引力

唤起好的回忆是基础，更加有直观效果的方式，是加深吸引。

正如一台手机被嫌弃后，通过唤起回忆不能解决根本问题，需要对自己的软件硬件进行一次综合性升级。

去尝试一些之前没做过的事情，比如改变自己的外形，去化妆，去健身，去提高自己的社交能力，摆脱之前在 ta 心目中的形象，让 ta 觉得你仍有未知领域他没探索过。

最后，还是希望正在恋爱期的各位， 珍惜眼前人，如果生活中有了任何不和谐的因素或争执，不要冷战，不要找红颜蓝颜倾诉，双方保持交流，去协商，去共同面对。

不要等到失去的时候，才明白拥有的意义。

7.4 情商高，就是控制情绪

在恋爱的蜜月期之后，其中一个比较常见的问题就是有需求不说导致的相互折磨。

“我女/男朋友总是‘作’，怎么办？”这是恋爱中的人经常问起的一个问题。

我问：“什么叫做作”，得到的答案有：

总是莫名其妙生气，我问她她还不告诉我原因。

总是问一些难以回答的问题，比如说“我跟你妈掉河里你要救谁。”经常脑补自己突然毁容，突然截肢，突然变白痴，然后问我还爱不爱她，只要语气不坚决她就会很生气。

一段感情中，“作”的那一方没有安全感，反复纠结“你既然爱我为什么猜不到我生气的原因”“你既然爱我为什么不表达出我想要态度。”

被“作”的那一方疲惫不堪“为什么就不能安安稳稳好好谈恋爱，要搞得两个人相处这么累？”

其实我也想问问恋爱中的情侣们：

“既然如此相爱，为何总是相互折磨”。

我的一个女性闺密小 C 前一阵子就是因为“作”跟男朋友分手了。

第一次，是因为过生日送生日礼物。

他跟她男朋友异地恋，一个在北京，一个在上海，在两个同样很躁动的都市上演着双城记。

不过好在男方是一个暖男，隔三岔五捧着花乘坐飞机跑过来看她。

今年小 C 生日的前一周，果然又收到了暖男先生的一条信息，是一条很漂亮的项链。

“亲爱的，喜欢么？我想买下来做你的生日礼物~”

小 C 那时候是乐开花的，特别想要，但是不知道为什么，就莫名开始“作”了。

“哎呀，好贵的，有那钱还不如咱俩买套情侣装。”

“没关系的，我觉得很适合你啊。”

“可是真的挺贵的，我觉得不值得，你隔三岔五跑过来已经挺费钱了。”

“真的不想要么？”

“不要。”

看起来是一段男生浪漫，女生体贴的戏码。

然而当暖男先生真的在生日那天飞到小C身边。

小C发现生日礼物真的就只有鲜花而没有项链，就开始“作”了。

“亲爱的，喜欢给你的花么？”

小C没好气地说：“怎么这么俗啊，买这有啥用？”

暖男先生满腔的热情被浇了一盆冷水。

据说当天两个人大吵了一架，不欢而散。

因为在小C的幻想中，暖男先生应该不管小C的拒绝，当一次霸道总裁，走到她身边，款款深情得把礼盒中的项链拿在手上，戴到小C脖子上。

可是，女孩子们，大多数男生的思维真的是直来直去的，如果你们真的想要，请告诉我们。

第二次，是因为一只猫。

对的，一只猫。

暖男先生在朋友圈发了一只猫咪的照片，是一只英国短毛猫（俗称：英短）。

而小C依稀记得，暖男先生跟她的前女友一起养过一只英短，后来分手后送给了对方。

小C脑子一下子炸了，心想“他是不是偷偷跑去跟前女友见面了”。

小 C 开始生闷气，“他是不是因为上次生日的事件在跟我示威，告诉我他没了我也没什么”。

暖男先生给她发信息，她不回。给她打电话，她有气无力得敷衍着。

他察觉到了小 C 的情绪，于是关心地问：“怎么了，亲爱的？”

“你自己难道不知道做了什么让我生气么？”然后小 C 恶狠狠地挂了电话。

以后每次暖男先生发信息过来的时候，小 C 都要先去朋友圈看看他是不是把那张猫的照片删掉了，如果没有，就继续保持愤怒的状态，希望通过这种情绪表达，让对方赶紧意识到自己的“错误”。

这种状态持续了 20 天，小 C 果然把自己的男朋友“作”没了。

如果当时她能好好问一句：

“亲爱的，这只猫是谁家的呀？”

“朋友家的，可爱吧？”

“是啊，特别萌。”

如果当时的对话是这样，我想结局可能不会这么悲催。

写到这里，大家可能觉得这篇文章的立意就是把“作”归罪于女生。

因为女生在恋爱中更容易患得患失，没有安全感，所以才把一段本来好好的感情弄得一团糟。

但其实并不是这样……

之前向我“吐槽”女朋友太作的男生，换了一个温润如玉的姑娘。

姑娘特别乖巧和独立，一点也不像之前的女朋友天天缠着他问一些莫名其妙的问题。

她保持着独立自主的性格，有问题自己解决，也很少跟他撒娇求安慰。

我问他：“对现在的感情状况满意么？”

他说：“好像没什么问题，但总觉得缺了点儿什么，我还是希望对方能多依赖我一点。”

看，男生们也开始“作”了。

是的，本身“作”这个词儿，往往跟“爱”是正相关的。

我记得“奇葩说”中，高晓松说过一段话，大概就是爱和自由总共是 100 分，你一个人的时候，就是 100 分的自由，当你爱上了一个人，你爱得他越深，你留给自己的自由越少。

是啊，在爱情中，正是因为太在乎，我们才会有各种各样的情绪。

无端的多疑，会引发猜忌；

莫名的不安，会引发焦虑以及不着边际的自我幻想。

所谓的“作”，往往是钻牛角尖，希望对方像你在乎他那般在乎你，所以你才会抛出各种没有安全感的问题，期待对方给出满意的回答。

然而一旦不满意，就开始抓狂，开始让一段好端端的感情筋疲力尽。

某一天，我们跟一个不那么爱的人在一起了，或许也就不会“作”了。

7.3　恋人出轨了，我该怎么办

我做情感咨询发现一个有趣的现象，在情感咨询中，男生倾向于咨询追求方面的问题，而女生倾向于咨询长期关系维护方面的问题。

而长期关系维护中的一个很重要的分支，就是出轨挽回问题。

Issy 和男友从大学恋爱到参加工作，

毕业季在周围人都劳燕分飞各奔东西时，

两个人也一起租房生活，

相濡以沫度过了最开始那段困难的日子。

这段感情是被 Issy 周围的一群姐妹祝福的，

每个人都觉得她们一定能走到最后，

Issy 也觉得两人近六年的恋爱长跑实属不易。

但是就在两人商量订婚时，Issy 渐渐地发现了一些问题：当初抱着自己口口声声说要娶自己回家的男朋友，每次谈到订婚的问题时都会闪烁其词，顾左右而言他。

而且两个人以前都会默契地相约周末出去约会，

但是现在，男朋友对待约会的态度总是越来越敷衍了事。

一对一喝个咖啡，他总是低头玩手机，然后不停地打字。

没等 Issy 疑惑几天，她就收到了一个电话，

对方自称是自己是她男朋友的小学妹，

已经和她男朋友相恋长达半年之久。

电话那头对 Issy 进行了彻头彻尾的嘲讽，

不仅说 Issy 没颜值没情趣，还说她应该识相，早点腾出位置。

Issy 脑袋被气得发晕，挂了电话就领着大学的两个舍友去找这个小学妹，几个人吵成一团。她万万没想到，

她男朋友知道了之后，却指责她太过冲动。

Issy 整个人都傻了，说离开男朋友，毕竟六年感情在那里，而且已经快要订婚。但是不离开男朋友却又咽不下这口气，她不知道如何是好。

不少女生和男朋友在一起后，随着时间流逝，

激情也慢慢褪去，突然有一天，通过某种途径，

意外地发现自己的男朋友 / 老公和其他的异性不清不白。

她们很慌张，来找到我说，过去相濡以沫，

互相扶持的温情为何留不住身边人？

而我的回复，永远都是一句话：指望温情和亲情来留住身边人，很美好，但很难实际操作，在爱里我们都要会一点权术。

7.5.1　紧紧地握住你的筹码

我习惯把两个人的相处比做打牌，

而牌局里一开局就把底牌打完的人，最后必然处处被压制。

我们每个人都有自己引以为傲的事物，

不管是颜值、身材等先天条件还是事业、经济等物质条件，

能拿出手的，让我们变得更好的，谓之筹码。

在开始长期关系时，每一个人都应该想想：我的筹码是什么？什么是绝对不可以舍弃的？

有太多全职太太被出轨的事情，我也一直告诉我的学员们，

即使男方条件再好，也不可完全依附于他，自己一定要有一技之长。

筹码包括两层含义：我和你在一起依然可以继续变好，我离开你依旧可以过得很好。在长期关系中，一定要牢牢把筹码握在手中。

和 Issy 沟通时，我发现她在进入长期关系之后，

就放松了对自己的要求，健身房成了她躲太阳吹空调的地方，

约会时头发一扎，脸一洗就出门，

她觉得“老夫老妻”了，不用在乎形象了。

更不用说她以前还在下班后坚持学习充电，

现在直接往沙发上一躺，刷手机刷到地老天荒，

还对男朋友说：“你主外，我主内，你负责赚钱，我负责陪吃陪喝陪睡。”

长此以往，她自然失去了对男朋友的吸引力，

也让男朋友觉得她失去了价值。

7.5.2　沉得住气，不要授人以柄

我听过一个很好玩的故事，一位妻子一天接到一个电话，电话的那一头对她说自己是她老公的新女友，她能不能识相点自己退位。

这位妻子没有多说，笑了笑挂了电话，

事后她说："小三无非是想激怒我让我情绪失控，而我根本不会给她这个机会。"

发现另一半出轨，一般女生都会怒火中烧，

要么是逼问男生，要么是联合闺密捉奸，

但是这种暴跳如雷的举动只会进一步破坏自己在另一半心中的形象。

面对另一半出轨，最重要的是先要稳住心态，

不要冲动去做出一些损人不利己的行为。

Issy 接到电话，还没摸清情况时就暴跳如雷，心情可以理解，

但是如果她想更好处理这个事件，冷静才是最应该做的事情。

毕竟你是正主，她是第三人，

最该着急的应该是她，因为她名不正言不顺。

7.5.3　你心里的话，要靠中间人说出口

出轨这件事，无论在什么时候，都是要面对沉重的社交压力。

因此你要巧妙地利用这种社交压力，让出轨的另一半知难而退。

你和另一半的社交圈子总有重叠，

你也多少应该知道谁和你的另一半关系不错，说得上话。

你的任务，就是找出几个中间人，来替你说出你想说的话。

你要挑选的中间人应该有这么几个特质：

①和另一半关系不错；

②体贴有教养，心地善良；

③交际广泛，在朋友圈里有一定的威望。

Issy 找曾经的舍友去 PK 第三者，是一步错棋，

首先，她曾经的舍友不是一个中间的立场，

在处理事情时很容易太过情绪化而恶化情况。

其次，她曾经的舍友未必和她男朋友熟悉，

他男朋友很容易觉得这件事情已经搞得众人皆知而破罐破摔。

而换成一个满足中间人三要素条件的人来调节，

另一半不会觉得羞于启齿的事情被公之于众而狗急跳墙，而这个人背后的社交认证也会无形地向你的另一半施加压力。

走完了这三步，此时的你和另一半应该坐下来好好地聊一聊，

你需要搞清楚，你们到底还合不合适。

如果是两人感情和三观已经出现了严重的裂痕，

那么形式上的复合并没有什么实际意义。

每一段长期关系，都需要我们投入大量的时间和精力去经营，长期关系比追求更需要智慧。

当相濡以沫已经留不住爱人，学点爱情中的权术才能挽回出轨的他。

情感答疑

问：

老师，想请教您一下，您怎么看待恋爱中的经济问题？说白了，就是钱的问题，您觉得，在经济条件不宽裕的情况下，两个人还有必要在一起吗？

答：

我一听这个问题，我就觉得同学你是个有故事的人。心灵鸡汤的话谁都会说，想必你也听烦了，什么有情饮水饱，醒醒吧，喝西北风的滋味不好受。贫贱夫妻百事哀的道理你也应该懂，不是说经济条件不好就不可以在一起，但是从在一起开始，你们就要做好心理准备，接下来的日子，你们会面临各种各样的烦恼，而它们的根源只有一个字：钱。有钱不仅仅是银行卡上几个数字这么简单，钱是一个人的胆，一个人如果经济宽裕，那么他说话做事都会充满底气，他身上散发的气质，也会很吸引人。所以，当你没钱的时候，开启一段恋情一定要十分慎重，不管你乐不乐意，爱情把你和另一个人捆绑在了一起，你或多或少，要对那个人负责。有没有必要在一起，这是你的个人选择，但是如果在一起了，我们就有义务让和我们在一起的人，过得舒服一点，你觉得呢？

问：

老师您好，我这几天一直如鲠在喉，有个心结解不开，想问问老师您的看法。大四实习时，我和隔壁学校的一个女孩子应聘进了一家公司，当时就挺喜欢她的，但是她当时有男朋友，我也不好做什么，就埋在心里了。实习后我们都被留任了，现在已经一起工作快两年了，她刚入职没几天就被男朋友甩了，然后我们俩由于实习期就认识也一起工作，就渐渐有感情了。几天前我们开诚布公地谈了一下，我是真的喜欢她，能喜欢一个人两年多对于我而言也挺长的。但是她告诉我说她在大学里的时候挺爱玩的，经常和男生混在一起，和五六个男生都发生过关系，甚至同时交往过三个男朋友。我心里很难受，虽然她现在很后悔说她很后悔，很恨自己不懂事，但是我每次想到这个事情就感觉心里很堵。我是真的喜欢她，我该怎么办？

答：

首先，再问自己一句：我是真的 真的 喜欢她吗？这两年下来，是不是她是我接触过女孩子当中，最让我难以忘怀的，最心动的一个女生？如果这个问题你问自己的时候犹豫了，那么放弃她吧。如果你认真并确定你真的很喜欢她，我们往下说。我们遇到的人，都有自己的过去，有美好的回忆，但是也永远有我们不愿意提到的瑕疵。我们不能改变过去，所以我们只有接受过去，或者不闻不问。所以现在我问你三个问题：

① 你能不能在冷静思考之后，接受她的过去？

② 如果心里堵，那以后能不能达成共识，这个问题永远不提，就让它留在过去？

③ 她过去经历带来的一些问题（前任的骚扰、社交上的评价）会不会影响你们之后的相处？

这三个问题处理好的话，你们才能在一起。过去无法改变的，永远不要让无法改变的事情来干预你现在的决策。我十分反感那些所谓的“兄弟想开点”“要想人生过得去就得头上添点绿”之类的表情包，两个人的感情是两个人的事情，轮不到一群外人说风凉话，希望你认真做出选择。最后，一旦你和她在一起，我希望你能好好对她，爆发冲突时不要拿她的过去说事。她对你坦白是信任你，别让她对你的信任成为你伤害她的利器。

第八章

情感碎碎念

Qinggan Suisuinian

前面的七个章节，宏桑用一个理工男的方式，把过去那些失败的教训，成功的经验，条分缕析得总结出来，形成了一套恋爱方法论，献给感情中迷茫的你。

但是，感情之所以那么耐人寻味和捉摸不透，在于它不总是那么理性，而充满了患得患失和欲罢不能。在最后这个章节里面，我们不聊技巧和方法，只分享下，在情感之路上，我们都曾有过的那些碎碎念。

8.1 深夜不要找喜欢的人聊天

都说深夜是一个人最清醒冷静的时刻，我看未必。

我们总在深夜做一些蠢到让白天的自己捶胸顿足的糗事。

比如塞一肚子的夜宵，结果早上醒来发现日常胖三斤；

比如一人我饮酒醉，结果早上醒来头疼到炸裂；

比如通宵工作，结果第二天白天昏昏沉沉反而被老板骂效率低；

比如深夜，去找喜欢的人聊天。

1. 有人问我，追求女生的黄金时间是什么时候

我说，深夜，是最好的时间，也是最坏的时间。好在深夜人的小情绪会被催化，人变得更加感性；坏在与此同时，你也心态爆炸，很容易忍不住说出那句压在心底的话。

“我知道这样做肯定是‘死’，让我‘死’了算了。”Don 说出这句话时，我气得差点砸了手机。平时的 Don，像是一个耐心的渔翁，他放长线，钓大鱼，静静地等着心仪的女生上钩。Don 说过，不要太早的表白，表白就是“死”。Don 说过，我们要慢慢地培养感情，即使你喜欢一个女生，你也不要过早吐露心声，她还不了解你，贸然表白会被拒

绝。说的漂亮，但是轮到自己，他却做不到。Don 不停地对我说，

“你看，她今天下楼时看到我对我笑了一下，这是不是喜欢我；

你看，她说她就喜欢活泼开朗，甚至有点坏坏的男生，这不就说的我吗；

你看，她今天居然问我最近是不是坠入爱河了，这就是揣着明白装糊涂，故意试探我的意思；

师傅你听我说，我的判断绝对准确，我教人恋爱的，怎么会失手……”

坠入爱河的人，身体里都住了一个戏精。Don 最喜欢的，就是在晚上找他喜欢的女生天南海北地胡扯，哪怕女生洗完澡吹个头发没看手机，他都会神经兮兮地对我说。终于有一天，Don 忍不住了，对我说哥我要和她表白。我告诉他，都是学这个的，你应该知道只见了一次面，两人都不了解，没有第二次接触的情况下表白是什么后果。Don 说我知道，我知道表白就是找死，但是我已经好久都没睡好觉了。而且……万一她也喜欢我呢？

每个深夜，Don 都会抱着和女生的聊天记录像做阅读理解一样一句句猜女生的意思，都会因为女生一句话开心和失落半天，哪怕女生都去睡了，他也会细细品味着两个人的聊天直到凌晨三四点。

Don 受不了了，每个经历过暗恋的人都知道这种感受有多折磨人。

Don 去表白了，像领取纪念品一样拿到了好人卡。

他伸了个懒腰，感叹道：今晚终于可以睡个好觉了。

2.“其实你也知道吧，我知道你知道”“我们剩下的时间不多了。”

这句话不仅仅出现在重症监护室，也往往出现在大四的校园时光。阿何经常会问自己：怎么要到大四了才发现她原来和自己这么合适？其实这个问题，欣芸也想知道。大学的班级奇特在，哪怕你们是同班同学，可能四年后都记不清名字和长相。两个人因为考研的补习班相识，在抢座位时相遇，在回学校的地铁上开始真正了解彼此。考研的人都知道，

在孤身奋战的时候，有多渴望一个依靠，有多渴望一个人可以陪着自己说说话。就这样，两个人借着询问题目的借口，开始动不动一聊就聊到半夜。聊天最怕半夜，这个时候，最容易产生感情。如果在前三年，他们有的是时间慢慢相处，成为一对班级情侣。但是在这最后一年，一个要去北师大和一个要去上海财大的人，都知道彼此没有结果。所以他们都竭力地克制着自己，尽量不让这件事干扰自己的进程。珍惜当下，及时行乐这句话，谁都会说，但是没几个人能做得出来。阿何好几次都差点打出来了“其实我喜欢你”，只不过他都及时改成了“其实……我觉得这个老师挺烂的”，欣芸也好几次打出来了“跟你说个事，我喜欢你”，只不过她也及时改成了“跟你说个事，明天我可能会晚到，帮我占座位”。两个人每每聊到一两点都要开玩笑说“完蛋了这下今天的任务肯定完成不了”，但自己心里都清楚，不聊天了也很难静下心来完成复习。都说克制，但是喜欢一个人，怎么可能藏得住，深夜中那些突如其来的“等过了这段日子一定要好好谈次恋爱”显得欲盖弥彰。他们的最后一条消息，是毕业时，凌晨三点阿何的微信：“他们问明知道没有结果的两个人要不要在一起。”“我觉得，如果五分钟后你必须进安检，如果安检在十米之外，我们可以亲吻四分五十秒。”

3.“只是这个时候想起你，会让我更寂寞”

很多北漂族的“回家后”，都是指九点以后。Amy 每天都是这样，考虑到卸妆洗澡，她只有到十点才能躺在床上给异地的男朋友打个电话。如果加班，这个电话就会被取消，因为会吵到舍友，搞不好自己的名字还会被挂在“你的奇葩舍友”的问题下被“吐槽”。Amy 有时候会想：自己也许不需要爱情，现在正是自己的上升期，新任的领导要重点培养自己，每天在公司顺风顺水，工作虽然繁重但是却十分锻炼能力，自己活得很充实。

她经常开玩笑，自己现在重点是脱贫。但是只有夜深人静，卸下一些防备，Amy 才会想到，电话另一边的那个人，对她而言有多重要。

自己的方案也许会被否决，但是那个人永远都会夸赞她的创意；

自己要在她面前忍气吞声，但是那个人可以包容自己发点小脾气。

自己会为未来焦虑和失眠，那个人为两个人未来规划是最好的定心丸。

白天我们是众星捧月，感觉有打不完的鸡血，有实战不完的愿望，但是只有到了夜晚，我们才发现，我们最需要的是有个声音告诉我们早睡。Amy 有时候会觉得自己和男朋友聊天时变了一个人：脆弱，小女人。渴望脱贫的焦虑的心也会安静许多。这个时候是这个职场新秀最脆弱的时候，一个两个人在一起的回忆都会让她想另一半想到泪流满面。Amy 的男朋友总爱一边安慰她一边开玩笑：你一寂寞就来找我了。而 Amy 想说的是："不是因为寂寞才想你，只是因为想你才寂寞。"

4. 打完这行字时，已经是深夜两点了，这是我正常的作息

也许这时候不少人正在纠结要不要和心仪的对象袒露心声，也许这时候不少人正在猜对面的人陪自己聊这么晚是不是喜欢自己，也许这时候不少人正在思念远方的人思念到泪流。我突然想起来一年前分手的时候，我对前女友说的话："你还是拉黑我吧，我怕以后每到深夜，我都忍不住找你。"

8.2　我可以不物质，但必须很现实

有人问什么事让我心累？

那还用说吗？肯定是创业啊，每天一睁眼公司上上下下一群人等着吃饭，现金流不能断，还得和投资人周旋，隔三岔五还得安抚团队里个别小朋友的情绪。

那什么事让我更心累？

那就是在情感咨询这块创业，每天看着各种情景纷繁复杂，最近一个女生和我说她的问题：她已经参加了工作，他的男朋友由于找不到工作被迫读研，但是读研期间也不专心学术，每天在寝室里玩游戏。有实习机会都推掉了，不是嫌弃工资低就是嫌弃工作地方远。

在和我说完情况之后的几天，深夜她给我发了一条消息："桑，我们分手了。"

"我们走不下去了，现在生活成本这么高，我自己生活就很辛苦了，还要照顾他，我看不到他身上还有什么希望。"

"我可以不物质，但是我必须要现实。"

我放下了手机，拍了拍同事的肩膀：

"心里有事，陪我抽根烟去吧。"

我想起了君哥。

君哥是我大学里很铁的一个兄弟，想当年 DotA（一款游戏）还特别流行的时候，君哥简直是我的偶像。君哥玩 ADC(一款游戏)特别在行，而我经常跟在他屁股后面安静地当一个"奶妈"。

君哥每次带我们拆完对面基地之后都会点上一根烟狠狠抽一口，然后大声说道："兄弟们，游戏最重要的是什么？战略！你要提前布局，懂我意思吗？"

但是君哥的战略意识好像也就三脚猫的水平，因为他只在游戏世界里可以步步为营，而在游戏世界外，他就像是一个输家。

但是我是五六年后才意识到这一点的，毕竟当时的君哥游戏打得好，能侃大山，还有一个女朋友，在我眼里那就是人生赢家的形象。

君哥在艾泽拉斯的智慧并没有迁移到大学考场，每次考试前他一改大哥的风范，哭爹喊娘地跟我要笔记，然后拍拍我的肩膀说："这一局，你来打。"

女朋友和他说了好几次让他好好念书，但是君哥不屑一顾地说他有的是社会智慧，女孩子家家不懂。他女朋友像我们一样将信将疑地点点头，告诉自己没准这个侃大山这么厉害的家伙有几把刷子。

但是君哥还是毕业失业了，每天和女朋友挤在城中村里，白天上网投上二十分钟的简历然后继续带领我们推基地，不过他的队友越来越少。

直到一天晚上，君哥和我说他和女朋友掰了：“唉，没钱呗。现在的女孩子，太物质。”

我不置可否，我只知道，当年君哥的女朋友和他在一起时，君哥也没什么钱。

说完了君哥，我不由得想到了另一个家伙，想不出怎么形容他，不如直接叫他“鸡贼”吧。

“鸡贼”这个家伙和我是打游戏认识的，和君哥不一样，他职业打野，总爱突如其来地切的对面措手不及。

我问他怎么玩得这么好，他就是嘿嘿笑几句：“运气，运气”。

这个回答和我问他怎么成绩平平还收了好几个 500 强的 offer 时的一模一样。

后来我才知道这个家伙十分鸡贼，上大学时成绩烂，感觉自己没有出路，就想着改变一下自己。

但是他这个家伙的专业又不对他的“胃口”，学的再努力也是中不溜的水平。

于是他就打起了歪脑筋，学生都想找一份实习，企业也都想找高质量的实习生，他自己建立了一个公众号，去收集企业的消息发布在上面。

然后他把简历收集起来，去找企业说，你看你不是要找实习生吗，我收集了贵公司的招聘启事，为公司做了宣传，这是我根据您的标准找出来的优秀学生。

企业一看，简历质量还不错，何乐而不为？渐渐的一些招聘实习生的事情，越来越多的企业就交给他去办。

他不收报酬，后来企业都对这个小孩子放心了，他开始了自己的要求：我要去你们那里实习。

由于之前他无偿的工作让人对他很放心，所以他轻松地被内推进了一个大公司的人力资源部当实习生。

之后就是马太效应的不断扩大：大企业实习生——经历丰富——500 强实习生——简历丰富——众多 offer。

他现在已经入职了，虽说起薪不是班里最高的，但也算得上前五。

我听完对他说，小家伙你这可是捐客的思维啊，谁教会你这一套的，你爸妈？你们家一定有人经商！

他笑了笑，说是他女朋友。

他有一次和女朋友出去逛街，经过了一个特别有名的餐厅，他们早就眼馋很久了，但是那家餐厅的消费很高。

他咬牙想请女朋友吃一顿饭，但是被女朋友拉住了："我们没钱的，太贵了。"

那句话他现在还记得。

他对我说："桑你知道，我普通人家孩子，也不求什么大富大贵，就想有一个好工作，将来多赚点钱，带我女朋友去吃好吃的。"

"但是我在专业上真的没天赋，那想有个好工作就得多动动脑子，我不想没出息，到头来连一顿好吃的都给我女朋友买不了。"

我看着他，没说话，端起杯子敬了他一下。

近些年，越来越多的人在抨击女生，说女生拜金，物质，每次看到这种言论我心里都忍不住打个问号。

然有一些女生的确拜金，但是我看到的更多女生，还是想要陪着男朋友同甘共苦，一起打拼出自己的生活。

有一部分女生最后生活得很幸福，因为她们的男朋友有责任心，像鸡贼一样，早早地做规划，有潜力。

而有一部分女生的男朋友是君哥，不思进取，就会空谈，等到女孩子心寒离开了，还说女孩子物质。

我觉得这不公平。

女孩子和男生在一起时，男生本身就没什么物质条件，这没什么，当学生时大家都穷。

但是离开象牙塔，生活中的点点滴滴都需要物质来支持。别在刚踏入社会时就说“面包我能自己买，我就要爱情”这种豪言壮语。第一，那种男生很难给你想要的爱情；第二，买面包本身也容易不到哪里去。

希望看到这篇文章的男生女生都能静下心来想一想，你们可以不拜金，可以不物质，但是我希望你们意识到扑面而来的生活有多现实，希望你们多考虑一下自己未来的规划。

8.3 真实故事：自卑的我，是如何找到真爱的

下面我想要分享的是我的创业合伙人的故事，姑且称呼他为宋吧。宋在我们团队属于资深劳模，而且心思细腻，每一本他看过的书，都会写着密密麻麻的读书笔记；他在团队负责内容架构和销售，经常抱着手机跟用户聊到后半夜。

我第一次见到宋的时候，他还是一个正在读书的穷小子，但初次见面就让我心生羡慕，因为她身边有一个让我们欣羡不已的漂亮女朋友，如今时过境迁，当年萌萌的女朋友已经变成了秀外慧中的宋太太。回顾往昔，经历过后才能了解到，这段感情的来之不易。

宋的故事：

我的记忆里没有父亲。

他在我一岁多的时候就去世了，那个时候我还不记事，在我的成长历程里，父亲只是一个不知道是什么意思的名词。

童年的生活就是一个阴影，我妈妈带着我弟弟艰难地过着日子，玩具从来不买新的，都是别人家用过的旧玩具，他们不要了，我们就把那件旧货带回家；家里的家具也好像没买过新的。

单亲妈妈要承担的责任远比一般女性多，我妈妈小学没毕业，没什么文化，字也不怎么会写，小时候我们家开了一个杂货铺，名字叫“小小士多”，寓意是现在我和我弟弟现在还小，希望我们快快长大。母亲去进货的时候，骑着三轮车，后面带着我和我弟弟，每次进得不多，销量也不多。

后来经营不下去了，妈妈转行去卖菜。她每天清晨 3 ～ 4 点去批发市场拉一自行车的蔬菜回来，借着路灯，一个女人在马路上骑车，后面带着我们家一天的生计。夏天还好，冬天的话，那真是天寒地冻。

我和弟弟那个时候，早上六七点起床帮忙卖菜，我们没有摊位，躲着城管卖。

小时候的我心里好恨，当然不是恨我妈妈，她已经很努力很努力，给了我和我弟弟她能给的一切。

我恨我单亲，我不敢告诉别人，我爸爸去世了，我怕那些捣蛋鬼欺负我，我们家有一个习俗，就是把已经去世了的亲人的遗像挂在客厅，同龄有捣蛋鬼来过我家，看见遗像问我那是谁，我竟然说我不认识……

我恨我家穷，为什么别人家的小孩隔一段时间都能去旅游，而我和我弟弟只能在那个小地方里，不能去其他地方，我上大学之前就没去过任何地方旅游。

有一段时间，我甚至偷过我妈妈的钱，“大吃大喝”，装有钱人。

我以为，那就是“自尊”。

而其实我错了，那只不过是自卑罢了。刻在骨子里的自我鄙视，我总觉得人们在背后议论我们家庭，总觉得大家都在说我这个单亲的孩子，他们对我的劝诫也好，帮助也好，我觉得那是歧视。

是的，我很自卑，自卑的不敢跟人说话，跟人交流，因为我觉得他们会识穿我的谎言，识穿我单亲的事实。

于是我把自己埋在游戏里，埋在书本里。

小时候我没有异性朋友，因为我那时候觉得我没钱又没才，跟女生说话嘴会颤抖，多说两句我自己就离开；也没有几个同性朋友，我不喜欢群体活动，我怕受伤，不是生理上的伤，而是心理。

有一年冬天，下小雨，我们去拜访亲戚，大姨家里是一个别墅，对于我来说那是我根本不可能想象过能入住的地方。大姨夫在跟我聊天的时候说了一句话：我们家的客厅比你们家整个屋子都要大啊，哈哈。

那一年我初二，我不知道怎么反驳他，我也不知道说些什么，心里很痛，我没有告诉我妈妈。

我虽然穷，虽然自卑，但是我有尊严啊！我是个那么倔强的小孩，我要埋头做点事，向这个世界证明我自己。

我的学习成绩，班里很靠前，大概只有这件事，值得我去骄傲吧，拿得出手。于是我拿这个去作为跟别人交流的底气。

我想接近班花，就教她写作业。我只会这个了，然后她写完作业了，就跟我同桌约会，牵手离开之前，他们会跟我说：谢谢。

我脸上没有表情，可是我的心随着他们离去的背影，变得更加坚定：我一定会做些什么让自己出人头地。

难道我不想去约会吗？难道我不想牵班花的手吗？我想，可是我自卑啊！我怕我牵了她的手之后没钱带她去玩，我怕我去约会了没时间处理我的学业，我怕我辜负了我妈妈的期望，我怕……

青春期的我，内心就是背负着这种痛，一路咬牙成长，庆幸我的成绩一直没有落下，以名列前茅的成绩，走出家乡那个小地方，来到北京的一所重点大学。

对，我离开了家乡。

那一年我19岁，第一次，看了这个世界，我不愿意再做井底之蛙！我要改变我的人生！我一定能做到！

我跟我妈妈说：我要去北京。妈妈热泪盈眶。

这时我妈妈年纪也大了，不卖菜，帮别人带小孩。

我们家还是贫穷，离我想要的生活还差很远。

你坚信你能，你就一定能，以前所受的痛所吃的苦所承受的委屈，那都是成长的动力。我说不出口的东西太多太多了，我挥别青春期一直暗恋的女孩，事实上她也并没有来送我，我只身一人，一路北上。

告别家乡的时候，我没有哭，妈妈哭了。

我不会让她白哭的。

初到北京，灯红酒绿，车水马龙。大城市太浮华了，我第一次慨叹。而我面临着一个严峻的问题：在北京的学费，还有生活费。这笔费用对一般家庭不算什么，可是对我来说，是个大问题。我妈妈没跟我说这些，可是我懂。来北京三个月后，我又离京。我去了湖南的一个山沟里当兵，为了锻炼自己，也为了赚取在北京读书生活的费用。我去部队的时候我妈妈没来送我，到了部队一个月后我才给她打电话。电话一接通，那边就哭了。我讲电话的时候没哭，挂了之后哭得稀里糊涂。

我不能让我妈妈知道我的委屈。

一去两年，湖南的山沟把我锻炼得更成熟了些。可是我的自卑还没被彻底根除，我有点敢跟人说话打交道了，可是我还是会刻意隐瞒我家里的真实情况，我还是不敢跟女孩交流。

那段岁月就是部队里的寂寞和热闹里度过，当兵不苦，军旅让我获得经济上的独立，我在北京四年，学费、生活费全部自己赚回来，没有问家里要一分钱。

对于我来说，这是我靠自己的双手赚回来的独立与尊严。

我有底气在北京生存了，我站在我以前的那些同学面前也不再像以前那样自卑，我知道就算我单亲也能活得好，我敢和他们说话了。

单亲家庭长大的男孩要克服他心里的自卑需要漫长的过程，这段路，要他自己能清楚认清自己，并且一步步去改变。我是真实感受到这个过程的漫长与艰辛，这就是为什么后来我选择做情感咨询的原因之一，帮助有需要的人去改变困境。

两年后退伍，重返北京的大学，重返家乡，看世界的心灵变成熟了，妈妈的白发也多了。

我落泪了。这是热泪。

少年在奋斗，妈妈老了。

因为我经济独立了，我可以去做一些我喜欢做的事情。例如给自己买新的衣服，以前我和弟弟只有在新年等重大节日的时候才会买到新衣服，那是在妈妈的带领下，去批发市场买的，而我们当时还觉得奢侈。退伍后，我在北京，给自己买了新的衣服。这一年，我 21 岁。

我觉得 20 岁左右的这几年是我人生转折点的几年，假如没有去当兵，假如没有来北京，所有的风云际遇都会不一样，我依然在家乡那个小地方里，带着可怜又可恨的自卑，惶惶不可终日，不知道路在何方。

但是我已经开始走出来了，情况就完全不一样了。我可以参加学校的社团，我做到我们学院的党支部书记。我可以参加聚会；我可以结识女孩，和她们约会，虽然那个时候都是以“老好人”的身份结束关系（付出了很多时间精力和物质，却连手都牵不到）但起码，我有了和一般家庭里出来的男孩子一样的筹码——经济基础。不，甚至可以说，那个时候我比一般家庭出来的男孩子还强一点，我经济独立了，在北京上大学的四年，学费生活费都是靠自己。

妈妈的经济负担减轻了，与此同时，我弟弟辍学去打工，也不用妈妈负担学费。两年军旅生涯，离开了书本，我不再是学霸，可是我仍然能拿到北京重点大学里的奖学金，我妈妈一直期待我能考个好的大学，成绩靠前，我都给她个交代，唯一还不会的就是和女生交流。

我知道，我还是很自卑。虽然我现在能独立，但是自卑了这么多年，已经养成习惯了。我还是会跟别人说，我爸爸去了远方打工。连我自己都相信了这个“事实”，我连自己都骗了。有时候深夜惊醒，宿舍的舍友还在呼呼大睡，漆黑的屋子里就我睁着眼睛，我会怕别人识穿了我的秘密。

这一年，我 23 岁，原来我的内心还是一无所有。

我开始重新思考我的人生，我不能被我的自卑纠缠着，既然贫穷不是宿命，可以改变，那么自卑也可以。思前想后，我得出一个结论：在还没找到好方法的时候，千万不能让自己闲着，否则就会胡思乱想，增加内心的焦虑与不安。于是我去做兼职，在学校的超市里，当搬货员。学校人多，需求量大，超市每天都会进两大卡车的货，我们就去搬，早上搬西瓜和牛奶，能搬俩小时；下午搬水、饮料以及各种日用品，都是一箱箱的搬。

我在这个超市里再一次见识到生活的不容易：老板说一个小时的工资是 13 元，可是来了才告诉我，做满 ××× 个小时才是 13 元，此前都是 10 元一小时，在北京这个工资远低于平均水平，而我到离职的那一天，工资还是 10 元 1 小时。没办法，当时我还懦弱，不敢抗争。

但是，我在这个超市里，结识到后来和我一起创业的好基友：Teddy 晓。那个时候，他和我一样落魄，一样的自卑，一样的在这个超市里当搬货员。如果当时我们没有去兼职，在宿舍里打游戏或者死读书，就没有我们以后的团队，以后的公司。

走在路上，你才会认识到那些和你走同一条路的人。

那一年，我 23 岁，我内心一无所有，但我认识到一位之后将和我一起创业、带领团队月入 30 万的好兄弟。

当然创业也不是一天能成功，当时我们的心中也没有一个蓝图，可以走多远。我打 LOL，他玩 DOTA，我们爱好的游戏不一样，自然不聊游戏，也庆幸爱好的游戏不一样，否则的话可能就天天在玩游戏，没日没夜。我有同事了，我每天都能跟人交流，我不再宅，慢慢地把话说开了，也把心打开了。

我慢慢也会跟女生交流了，吸引到女生了。后来我们都从那个超市里辞职了，Teddy 去了一家手机店里做销售，我暂时没想好要做什么，就花了一笔钱，去学技术，做情感咨询，提高男性魅力。

活了 23 年，自卑了 23 年，在漫长的自我抗争里，我终于把父亲早逝的这件事释怀，去开拓我新的人生。

24 岁那年，我和 Teddy 一起，开始在学校里发传单，做情感咨询。

这一年，在如此条件下，我认识到我现在的女朋友，她是北京本地的姑娘，她知道我做情感咨询培训，她知道我穷。

那又怎样？我们在一起了，并且一直到现在，两年多了。

我创业最迷茫的时候，同时做了其他兼职。

有一次，北京慕尼黑国际啤酒节，我和我女朋友一起去做兼职服务员，端盘子。

啤酒节都是凌晨一两点才下班，那天夜里，回宿舍路上，她跟我说：今天有一位顾客给我塞了个纸条，说他是北大什么什么博士，有两个什么什么公司，想让我做他女朋友。我把纸条扔进垃圾桶，心想一个人一直炫耀他外在财富那得多幼稚，我喜欢的是你，我爱你，你有一颗上进永不放弃的心。

这是我一直苦苦追求的真爱啊！

有一些女孩，你无法得到她们，甚至你觉得你被她们伤害过，但是你要记住，正正因为她们，你才懂得男女交往的真谛，信我，你没有犯过错的话，你是不知道什么是对的，那些你求之不得的女孩，让你成长。

艰难的创业依然在继续。

我们都不是学心理学的，也没有一个大哥愿意带我们一起做事业，就凭内心里的那点不服输，虽然没有任何资源，但是我们有我们的双手，去做一些我们现在力所能及的事。

一开始几乎没有人愿意相信，两个大学生能做情感咨询，我们跟和我们年龄差不多的大学生们，讲述我们的故事，怎么从家庭贫困、从小自卑，到打开自己的心，去观察这个世界，去融入这个世界，去爱人以及被人爱。

事不经过不知难。刚开始做的那半年，月入才几百，在北京。我妈妈开始叫我回家考公务员；我的老师劝我去找工作；我身边的同学，玩游戏的玩游戏，投简历的投简历，和女生约会的去约会……

又一个寒冬要来了，可是我们没有放弃过。我们已经知道，自信是来源于自己的内心。没人愿意帮忙，我们自己开拓。学销售，学文案，学公关，做产品，给已报名的学员做设计咨询……我们什么都做。

当时苹果 6 已经面世，我还只用苹果 4，不懂网络，更不懂宣传，从零开始学起，每天没日没夜地想着怎么把事情做好。

我们不拼父母，我们拼的是不放弃，是努力。终于我们学会了网络，学会了现代化的商业流程，开始在网上经营我们的团队，从无人知晓，到业界知名，月入 30 万，用时两年。

我学的是热能专业，Teddy 学的是材料专业，既非金融也非 IT，更不是心理学，但我们学会了这些，事实说明，创业与专业无关，与父母也无关。今年我 25 岁，再次回到家乡，妈妈虽然染了头发，但从发根的银白色里看出，她已白发苍苍。我给她的房间里安装了空调，我妈妈从出生到白发，都没有在家里享受过空调。

不仅空调，我还要把我们家的电器家具都换新的。当年那个笑我家小的亲戚，我没时间再拜访他了。当年在宿舍打游戏的同学，来问我招不招人。当年让我留下遗憾的班花，她还在我的家乡，可是我还要继续北上，去继续我的征途，虽然我最终也并没有跟这个班花发生些什么故事，但我感谢她，在我青春懵懂的时候给了我一个向前走的信念。

告别家乡，再次回到北京，我们团队已经进驻了中关村的核心地段进行办公，下一个目标，月入 50 万。

这就是我的经历：那个从小就没有父亲的孩子，从自卑到自信一路走来的故事。

远方还有我的梦，我没时间沉浸在悲伤里。

读 者 意 见 反 馈 表

亲爱的读者：

感谢您对中国铁道出版社有限公司的支持，您的建议是我们不断改进工作的信息来源，您的需求是我们不断开拓创新的基础。为了更好地服务读者，出版更多的精品图书，希望您能在百忙之中抽出时间填写这份意见反馈表发给我们。随书纸制表格请在填好后剪下寄到：北京市西城区右安门西街8号中国铁道出版社有限公司综合编辑部 巨凤 收（邮编：100054）。或者采用传真（010-63549458）方式发送。此外，读者也可以直接通过电子邮件把意见反馈给我们，E-mail地址是：herozyda@foxmail.com。我们将选出意见中肯的热心读者，赠送本社的其他图书作为奖励。同时，我们将充分考虑您的意见和建议，并尽可能地给您满意的答复。谢谢！

所购书名：________________________

个人资料：

姓名：__________性别：________年龄：________文化程度：__________

职业：______________电话：____________E-mail：____________

通信地址：__________________________邮编：____________

您是如何得知本书的：

□书店宣传 □网络宣传 □展会促销 □出版社图书目录 □老师指定 □杂志、报纸等的介绍 □别人推荐

□其他（请指明）______________________________

您从何处得到本书的：

□书店 □邮购 □商场、超市等卖场 □图书销售的网站 □培训学校 □其他

影响您购买本书的因素（可多选）：

□内容实用 □价格合理 □装帧设计精美 □带多媒体教学光盘 □优惠促销 □书评广告 □出版社知名度

□作者名气 □工作、生活和学习的需要 □其他

您对本书封面设计的满意程度：

□很满意 □比较满意 □一般 □不满意 □改进建议

您对本书的总体满意程度：

从文字的角度 □很满意 □比较满意 □一般 □不满意

从技术的角度 □很满意 □比较满意 □一般 □不满意

您希望书中图的比例是多少：

□少量的图片辅以大量的文字 □图文比例相当 □大量的图片辅以少量的文字

您希望本书的定价是多少：

本书最令您满意的是：

1.

2.

您在使用本书时遇到哪些困难：

1.

2.

您希望本书在哪些方面进行改进：

1.

2.

您需要购买哪些方面的图书？对我社现有图书有什么好的建议？

您更喜欢阅读哪些类型和层次的理财类书籍（可多选）？

□入门类 □精通类 □综合类 □问答类 □图解类 □查询手册类 □实例教程类

您在学习计算机的过程中有什么困难？

您的其他要求：